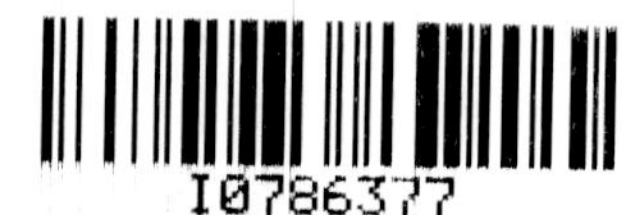

HEDGEROW

COLORING BOOK

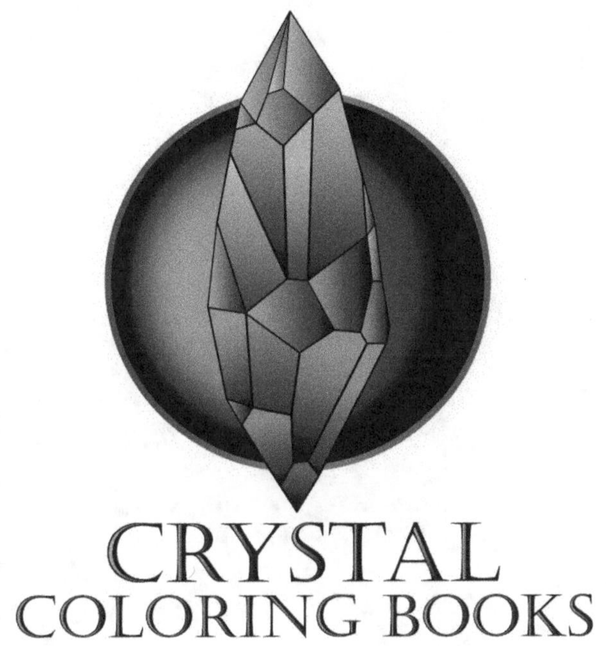

ISBN-13: 978-1724571205
ISBN-10: 1724571206

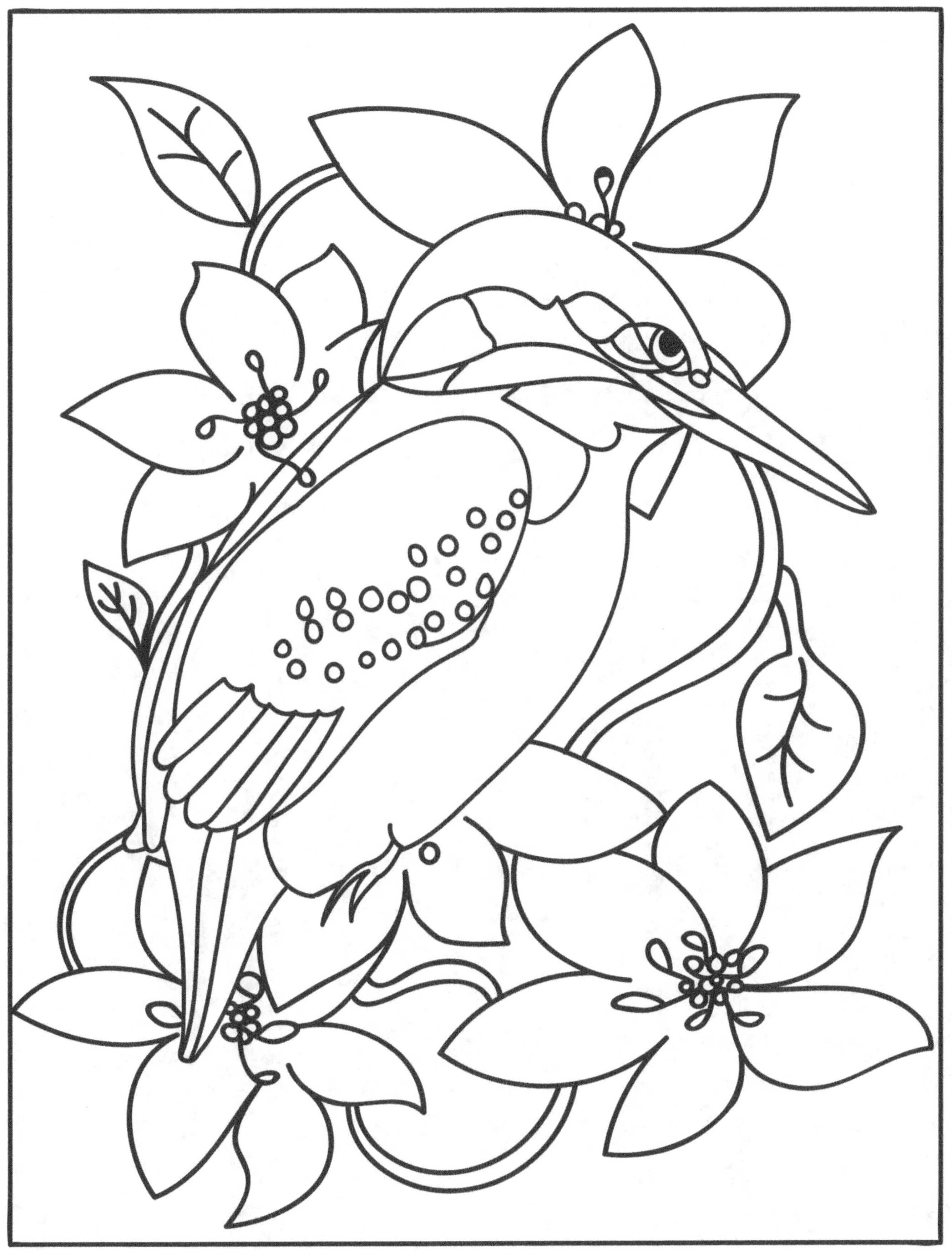

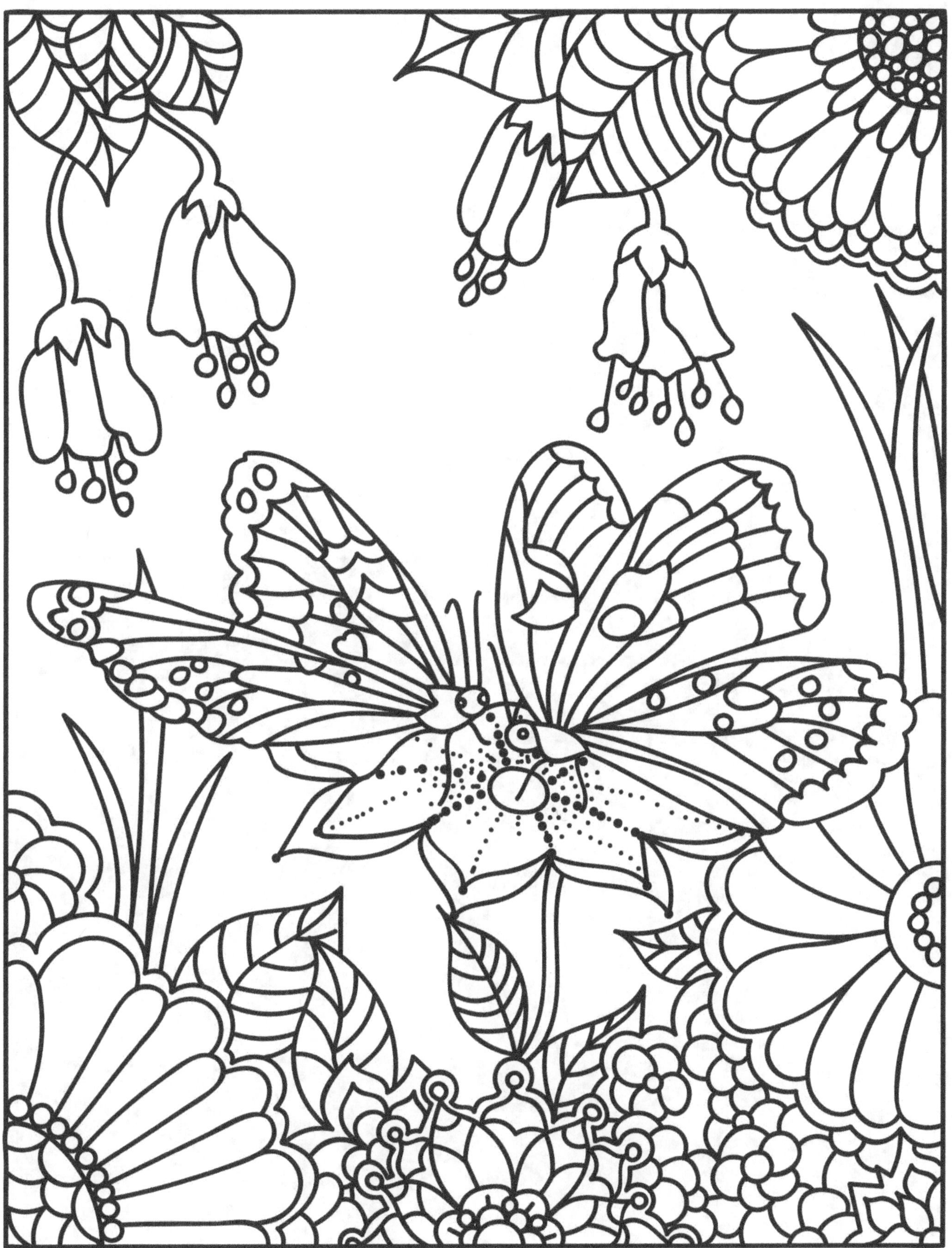

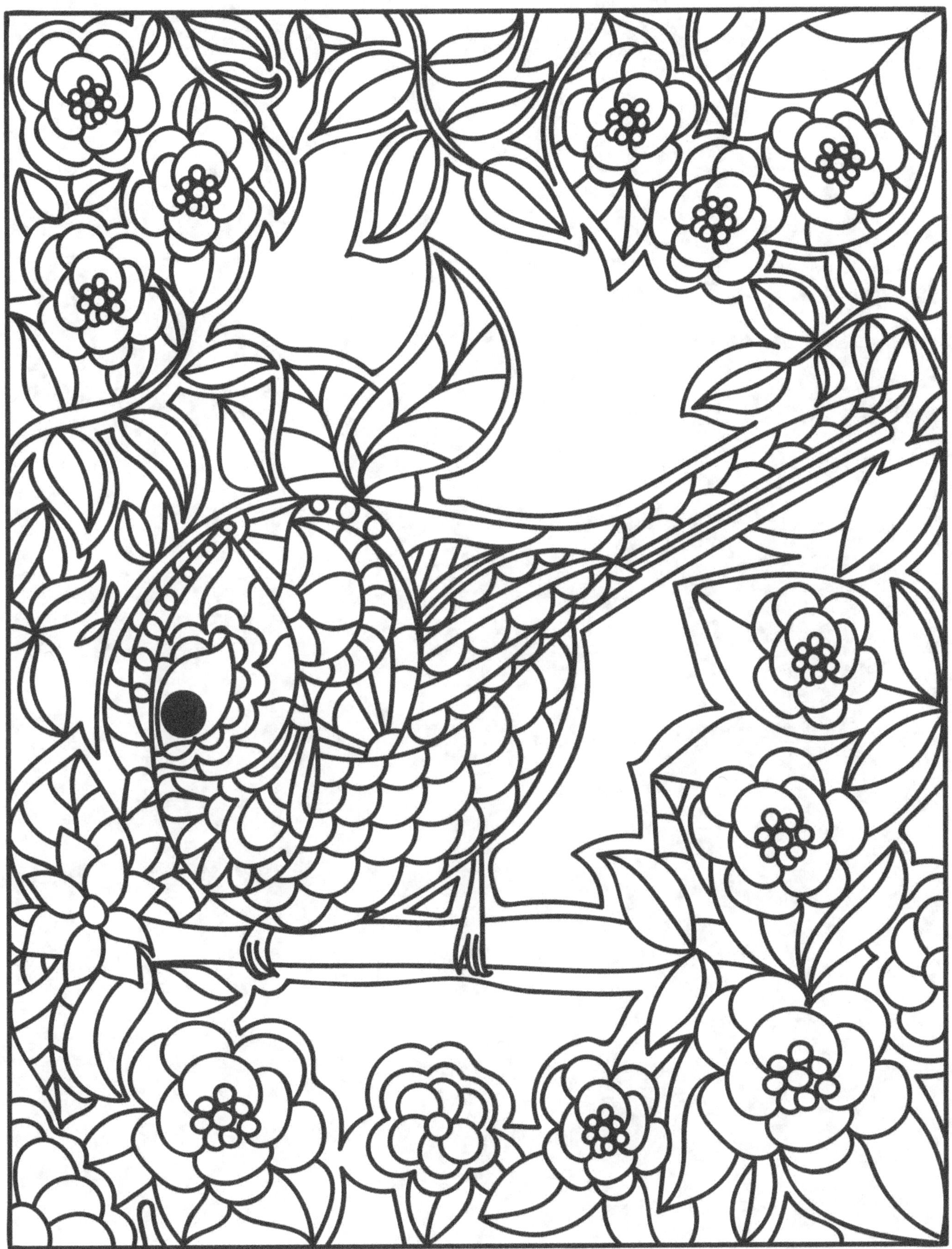

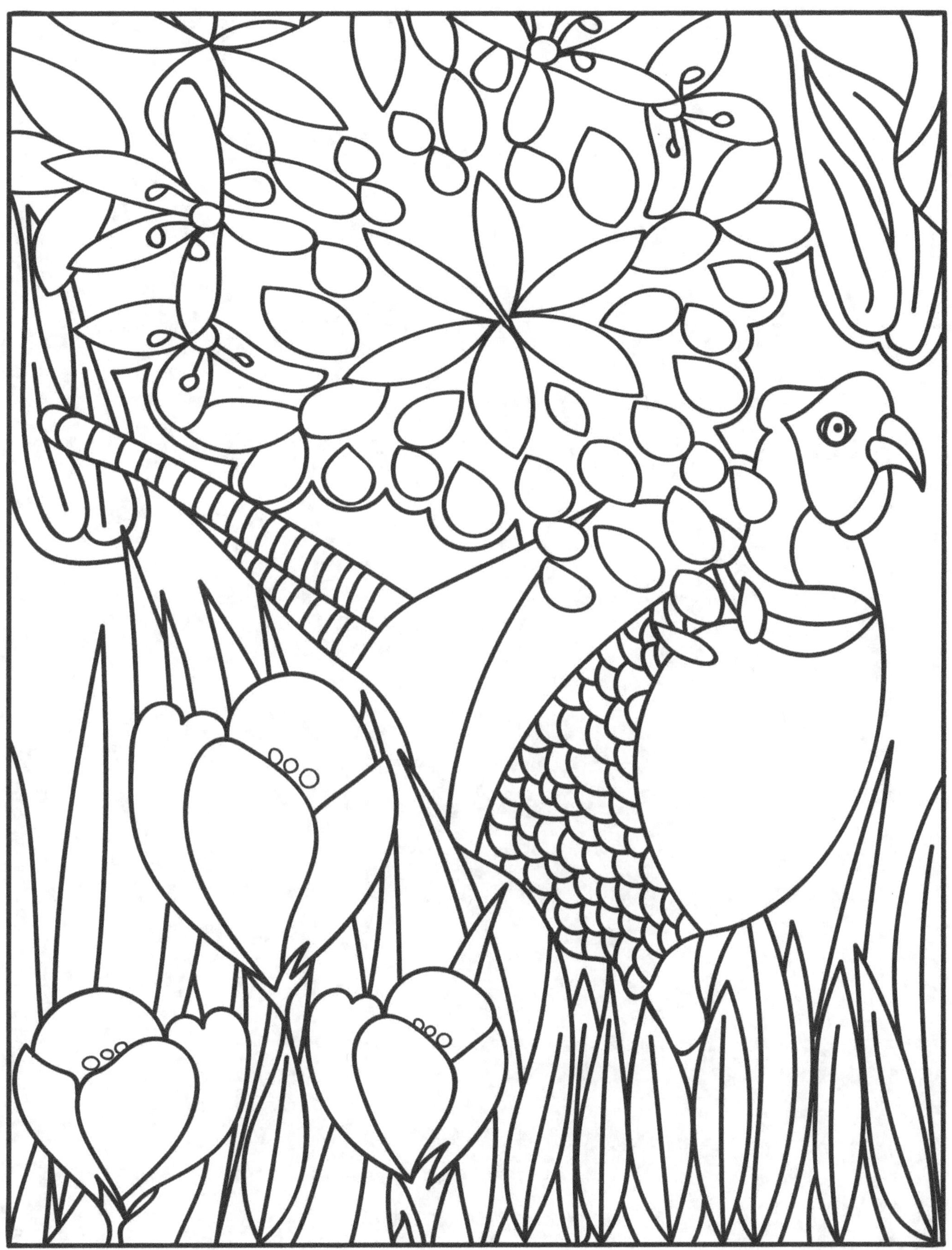

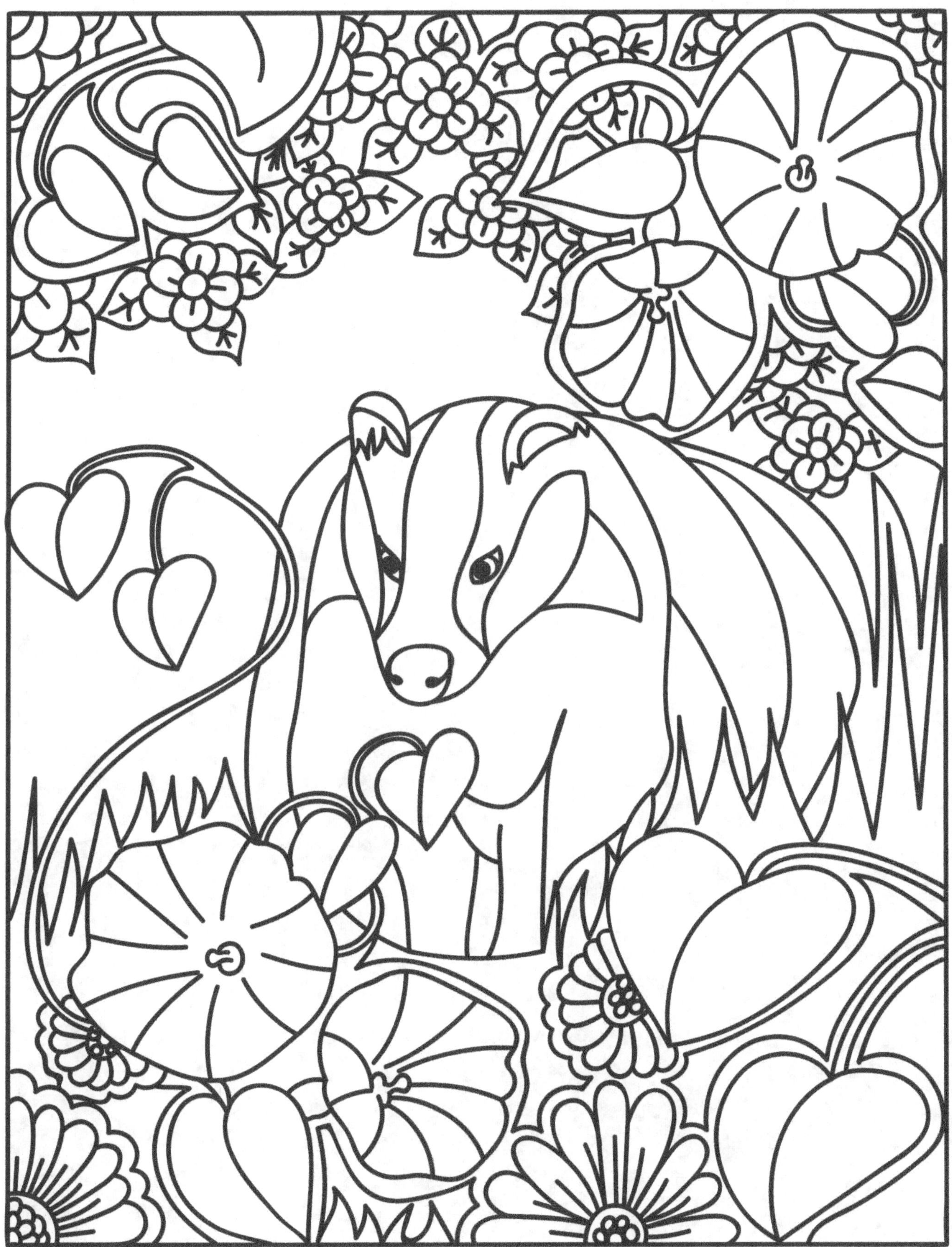

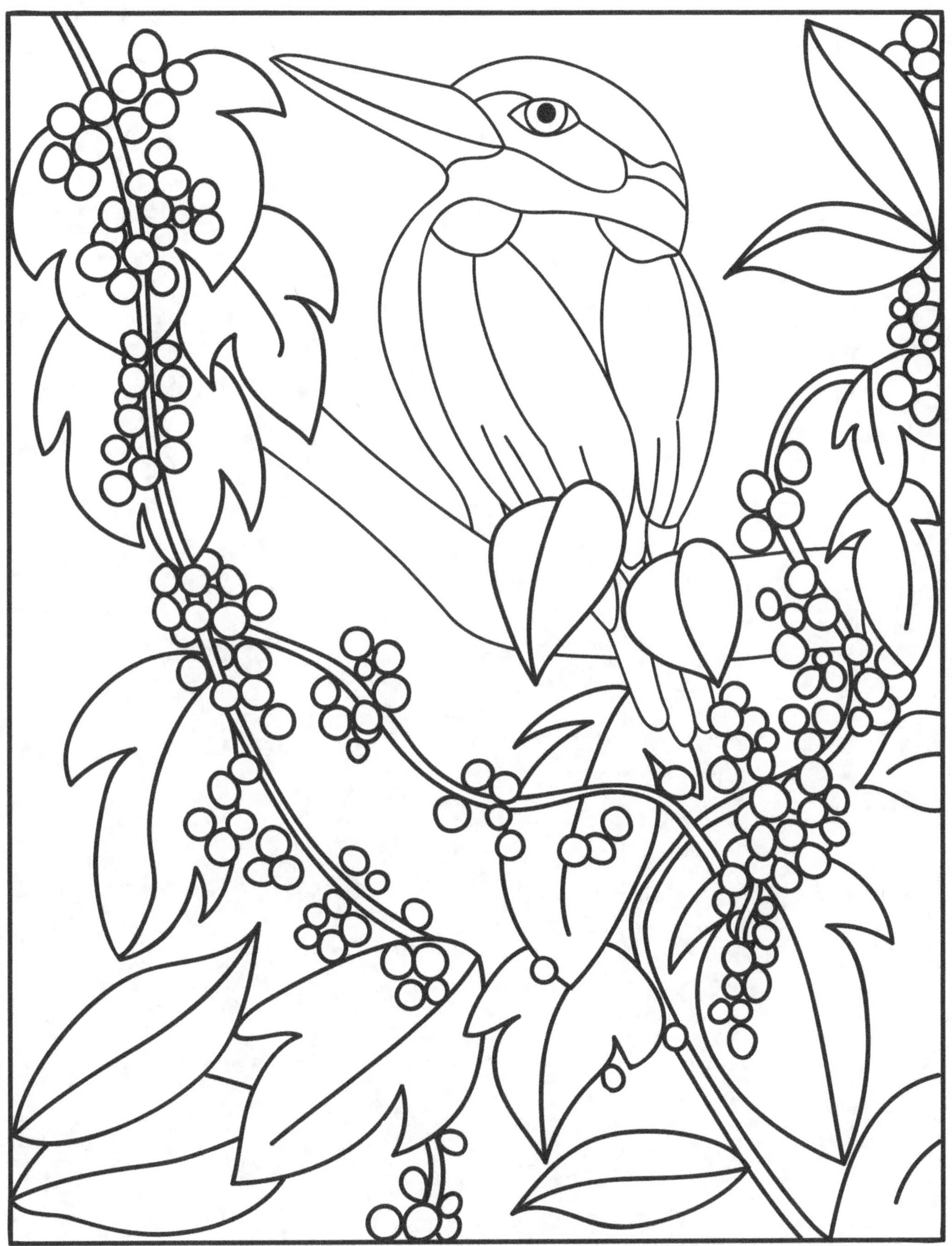

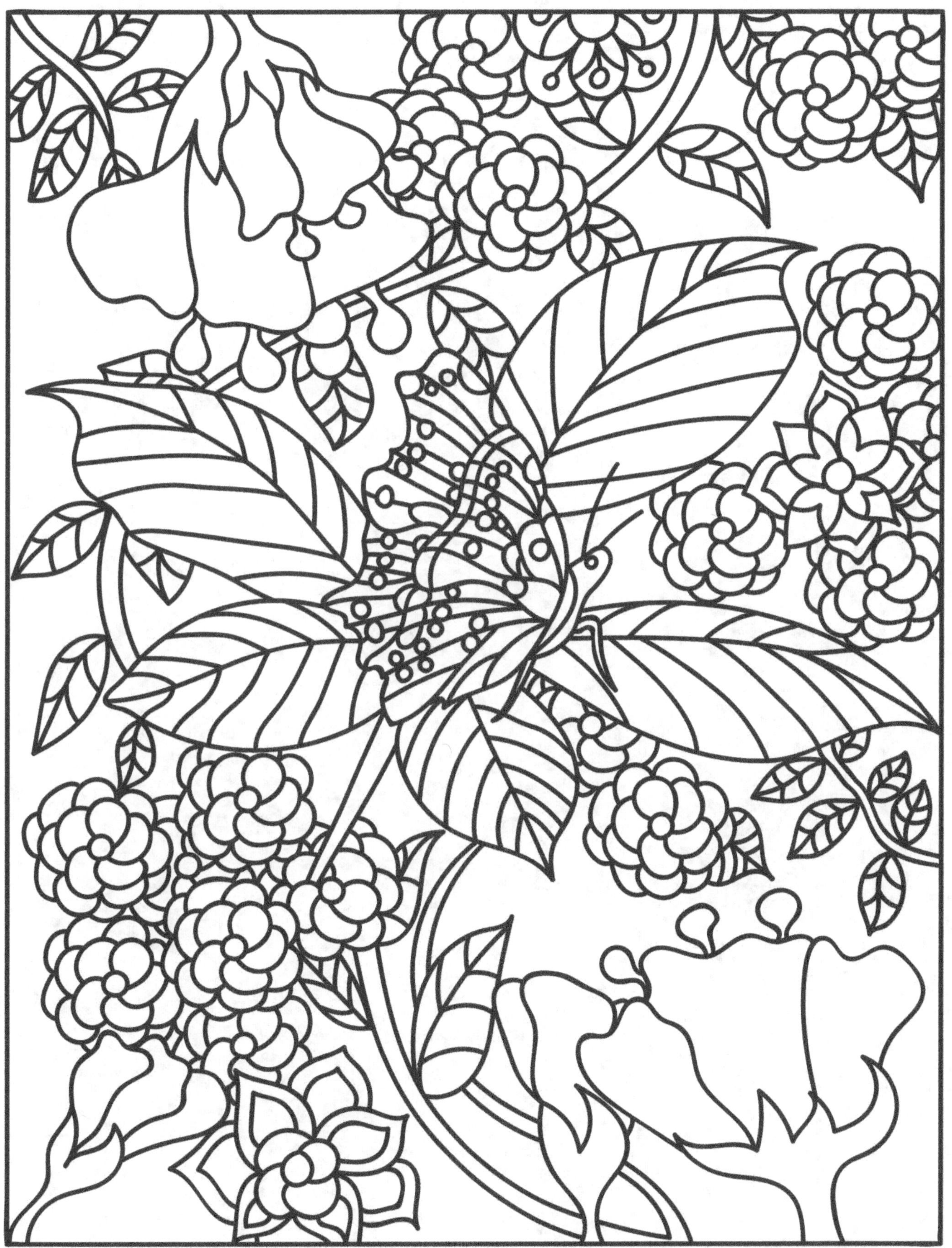

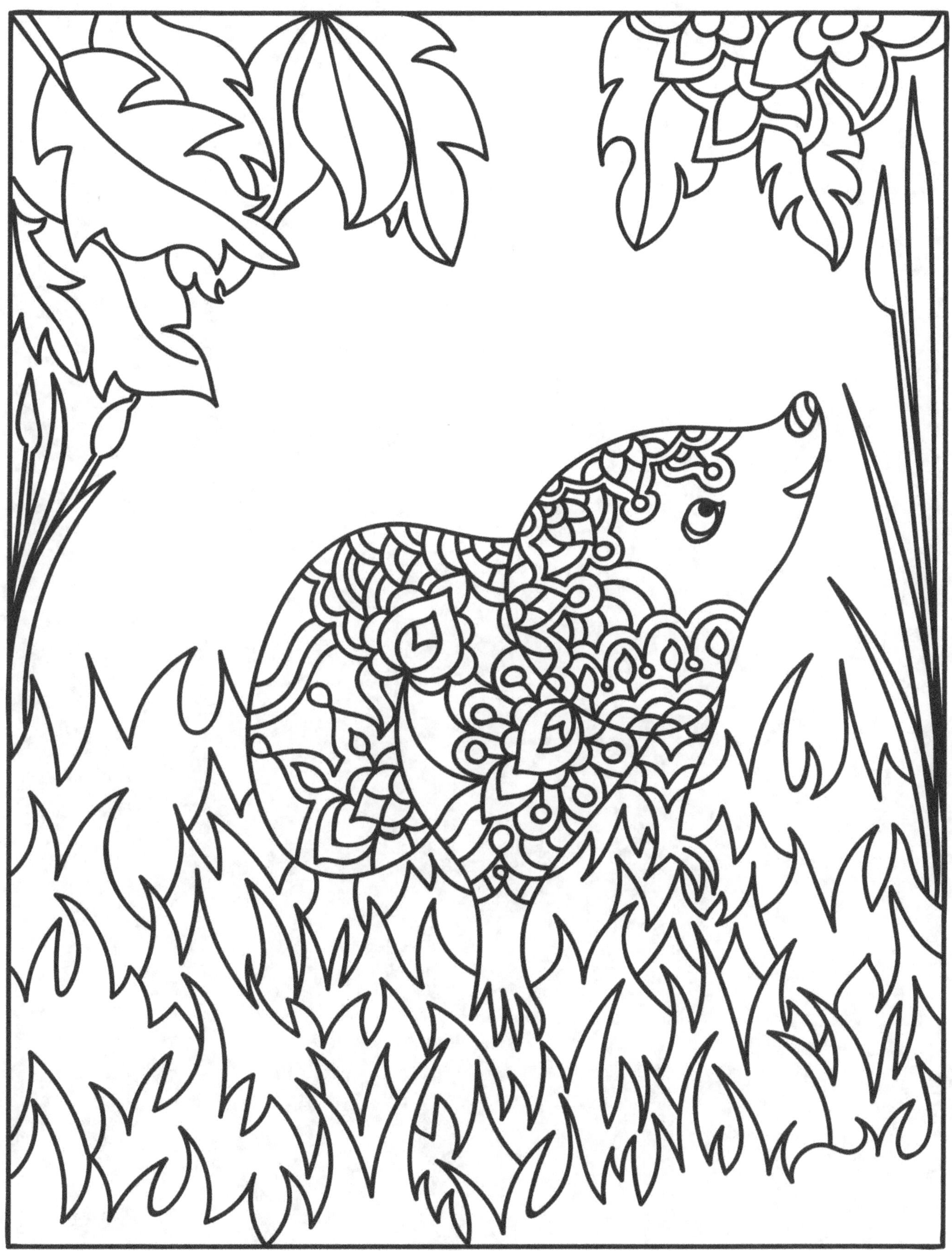

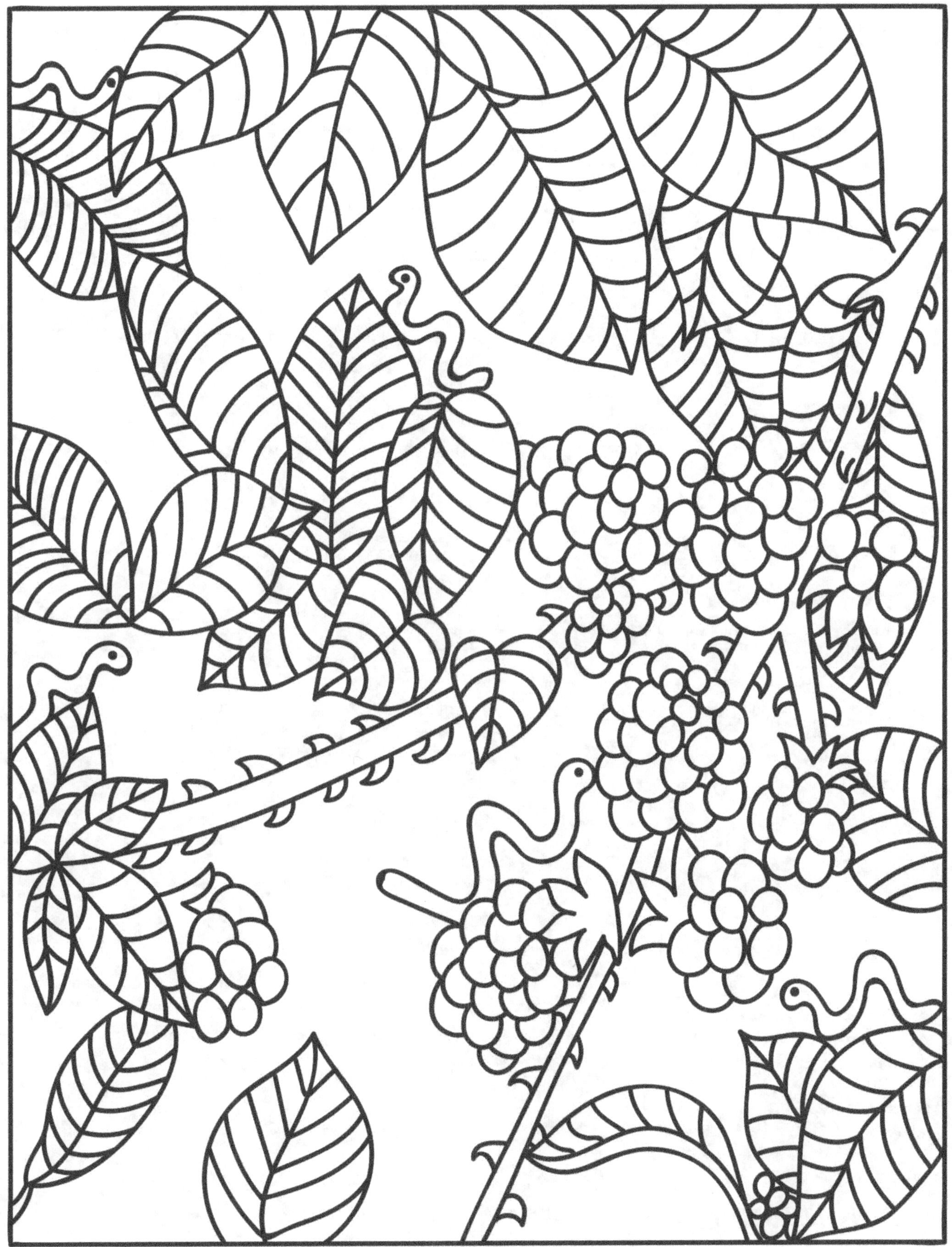

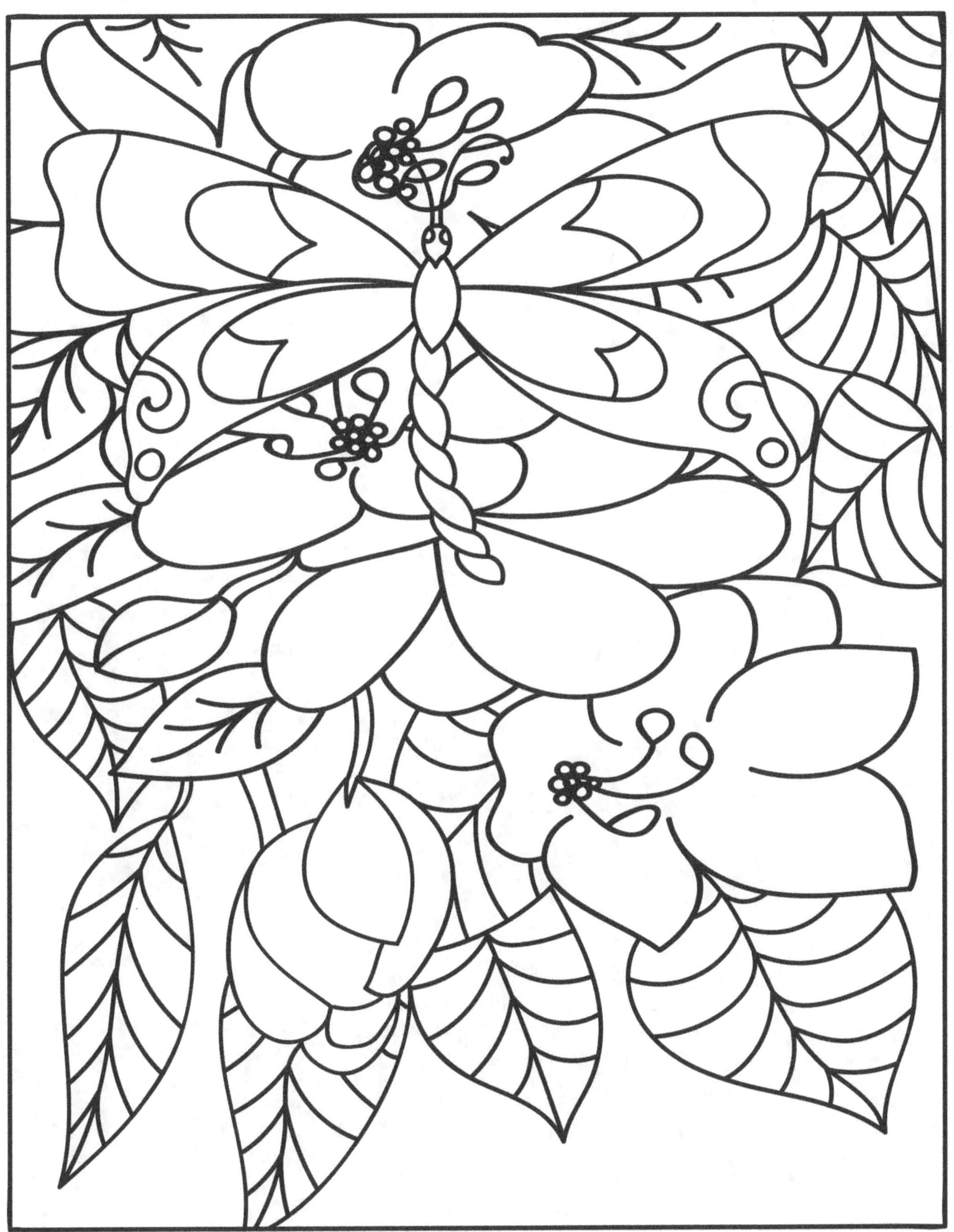

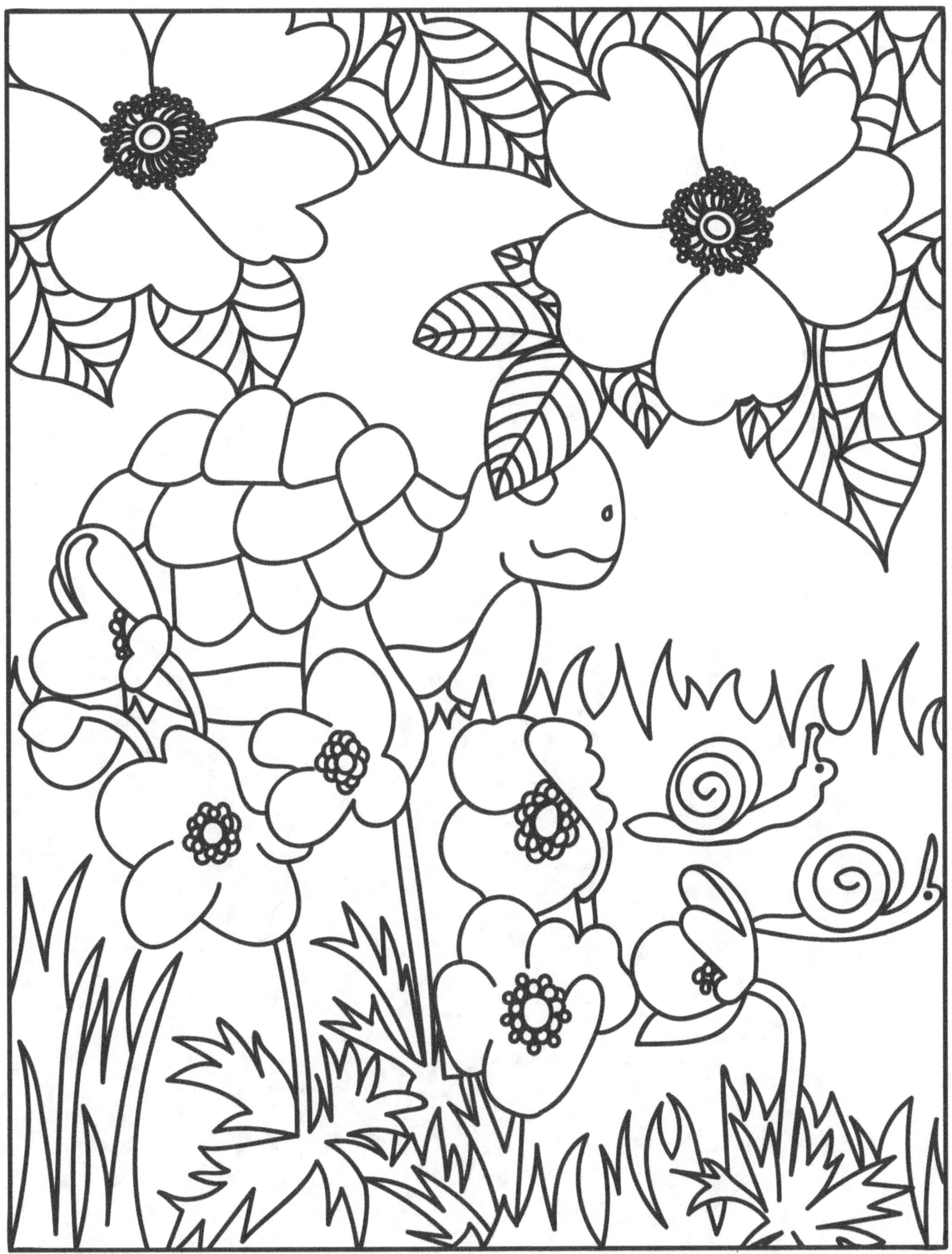

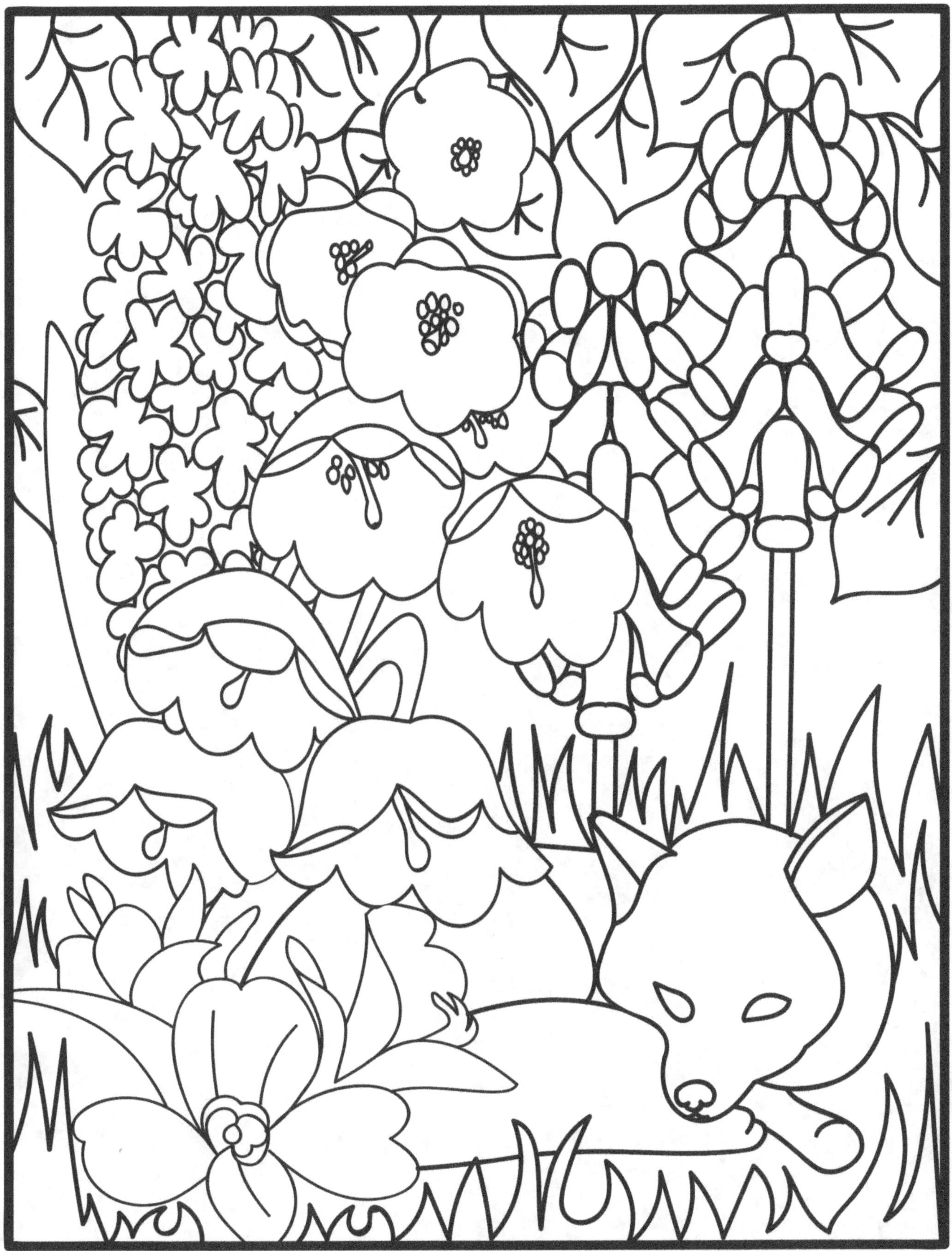

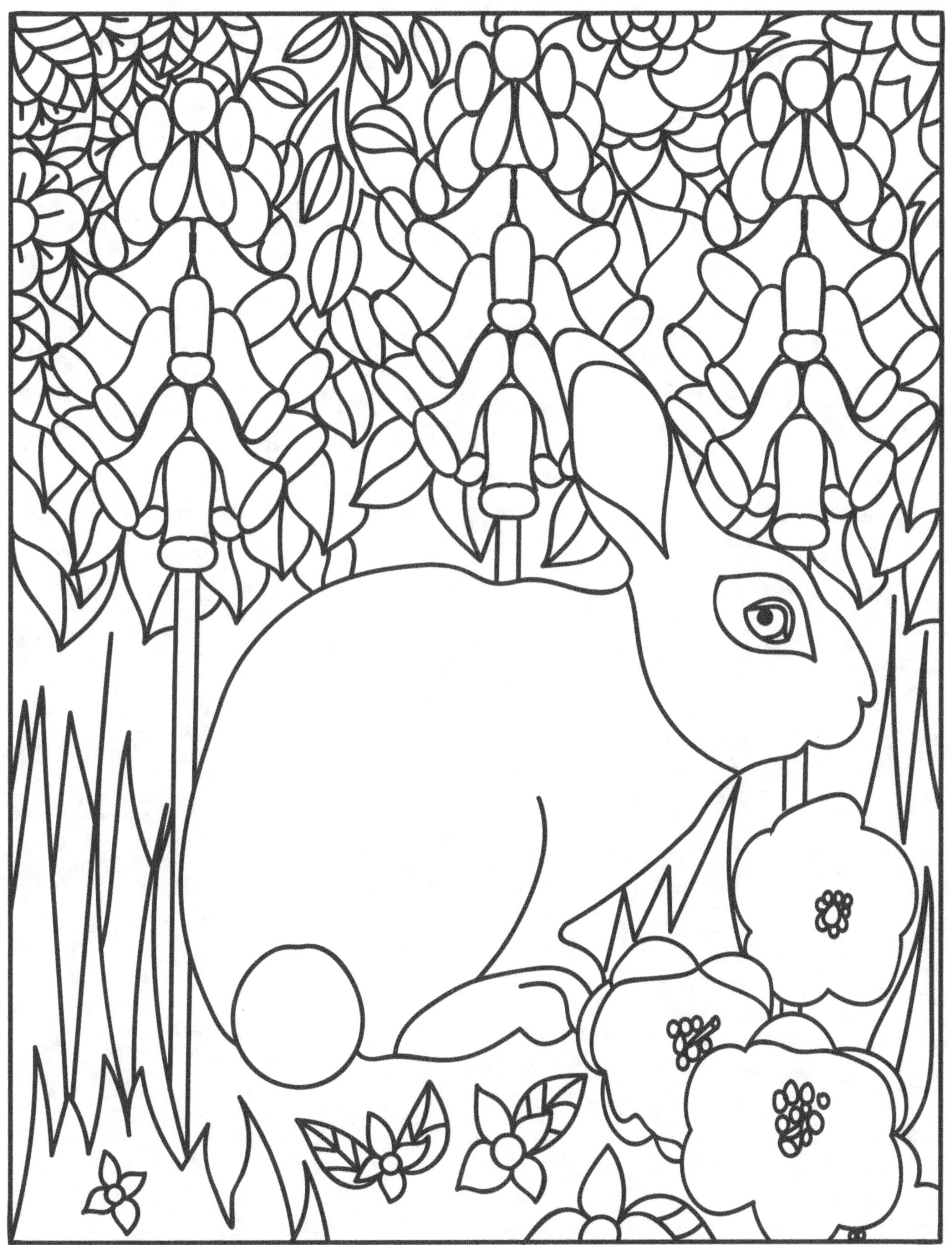

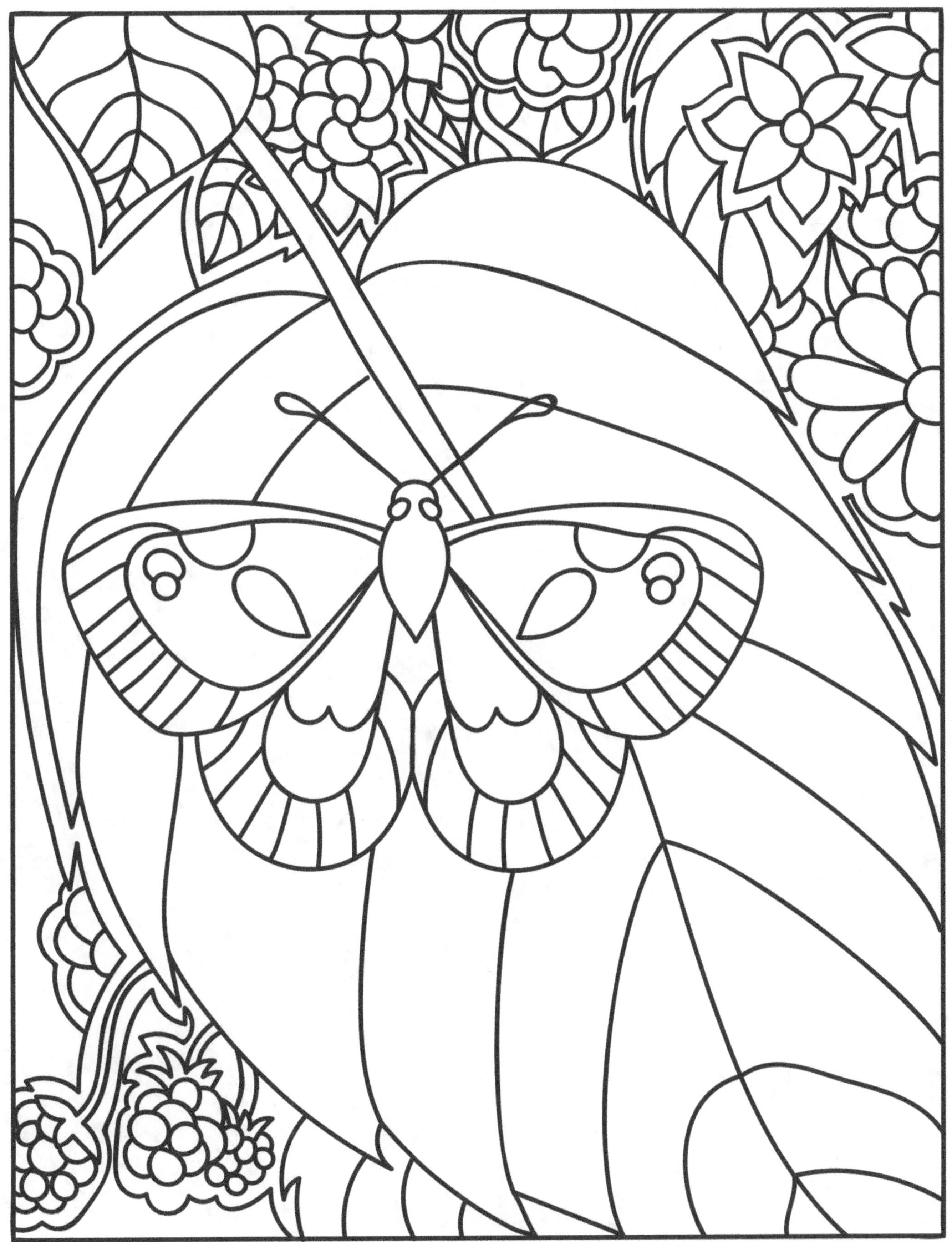

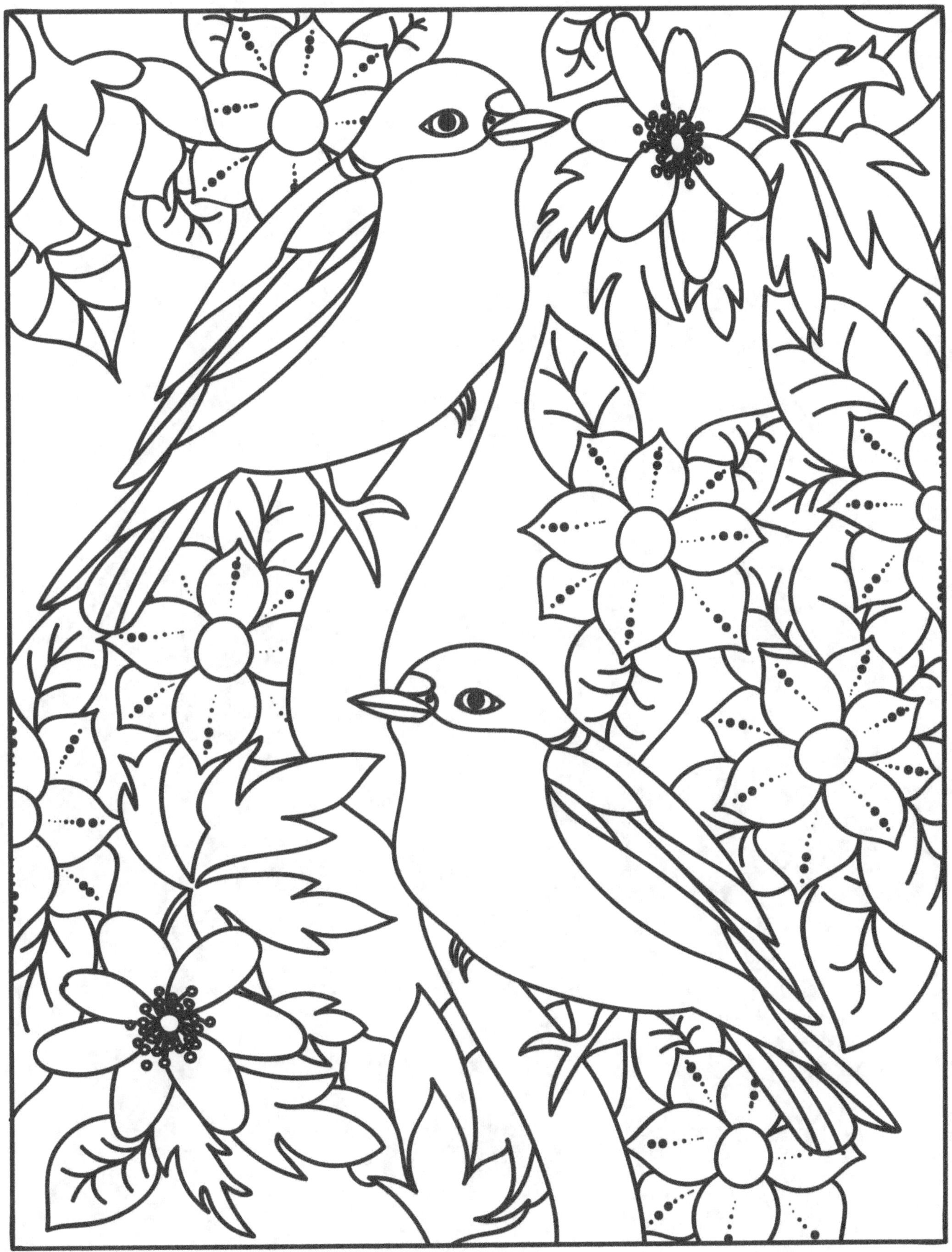

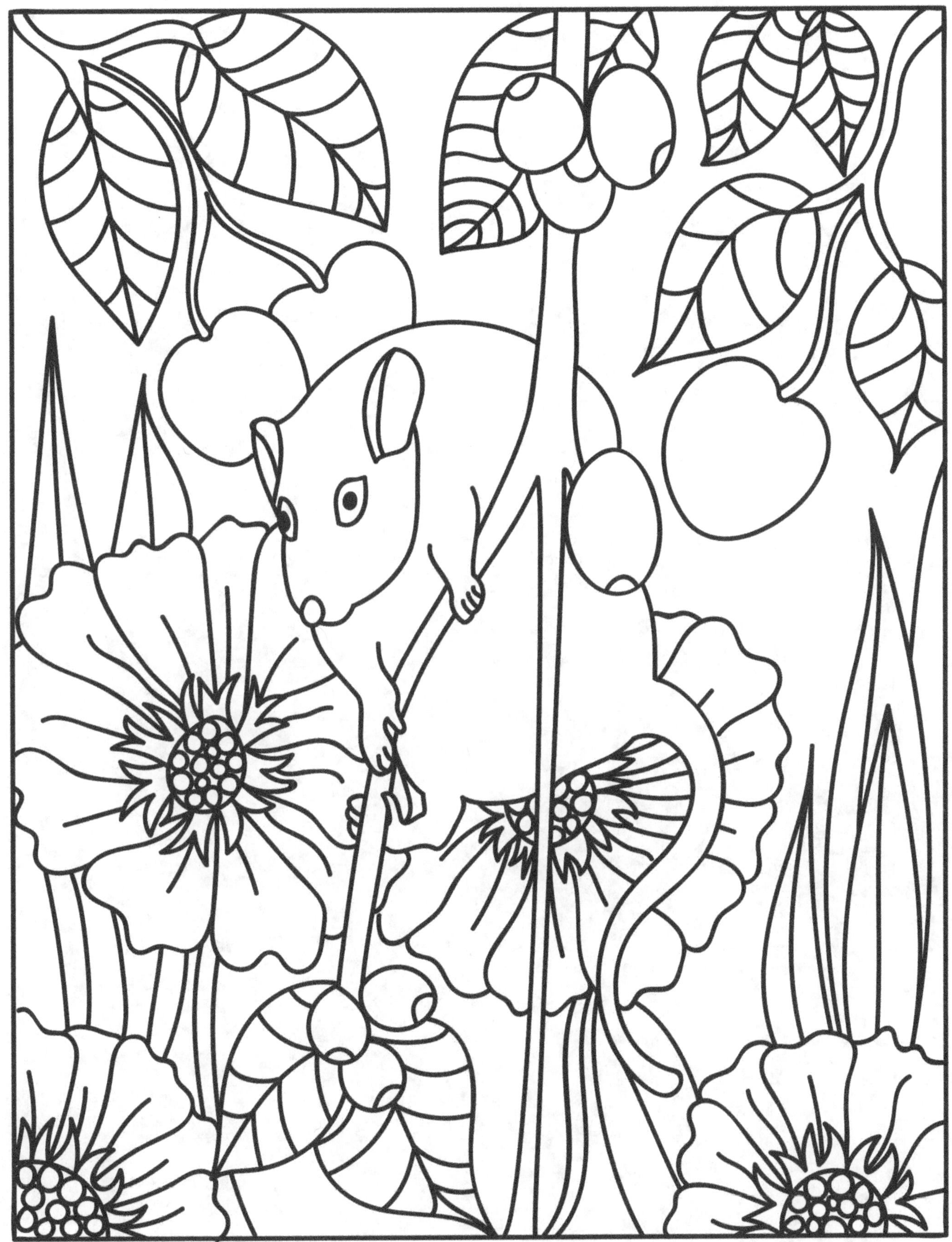

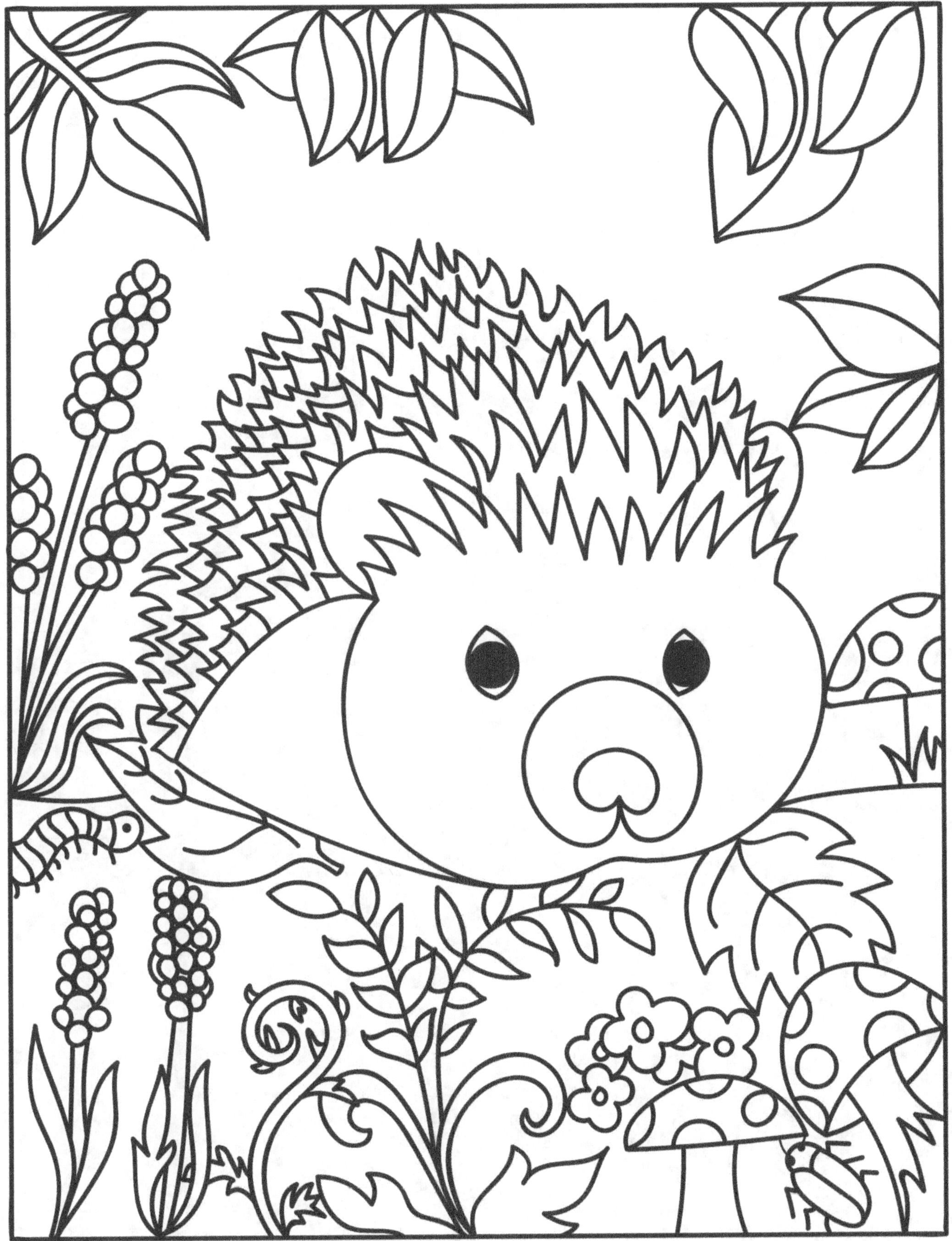

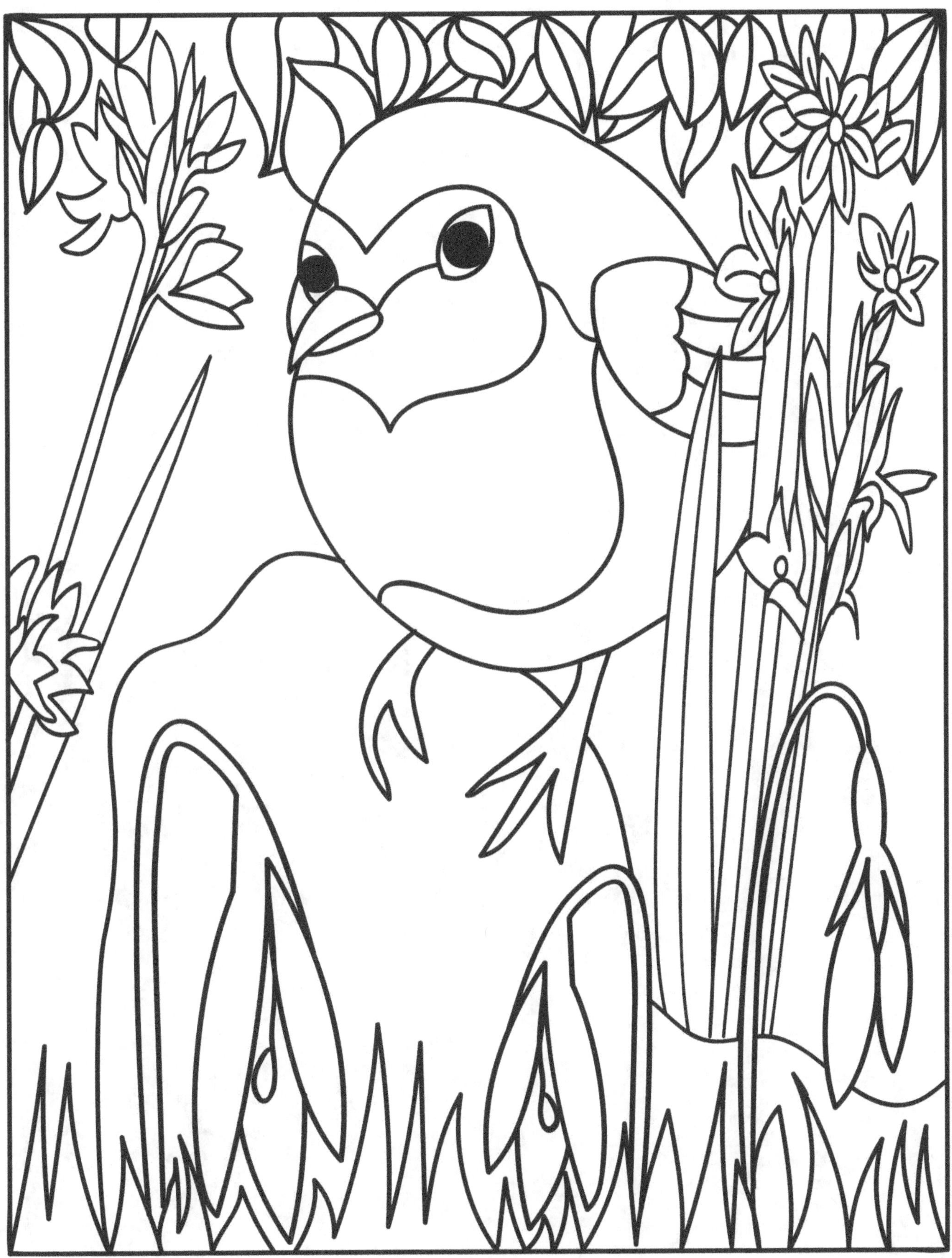

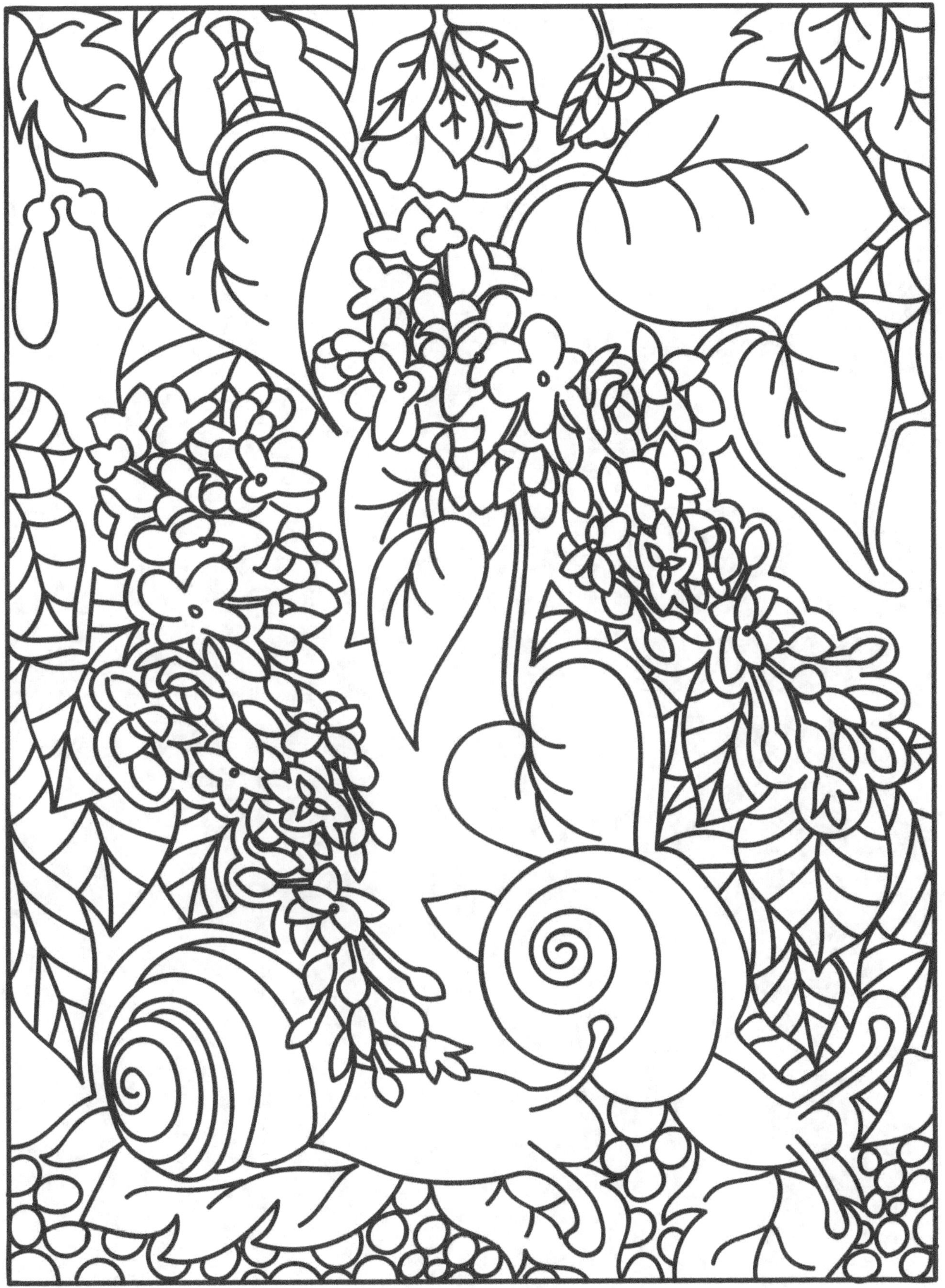

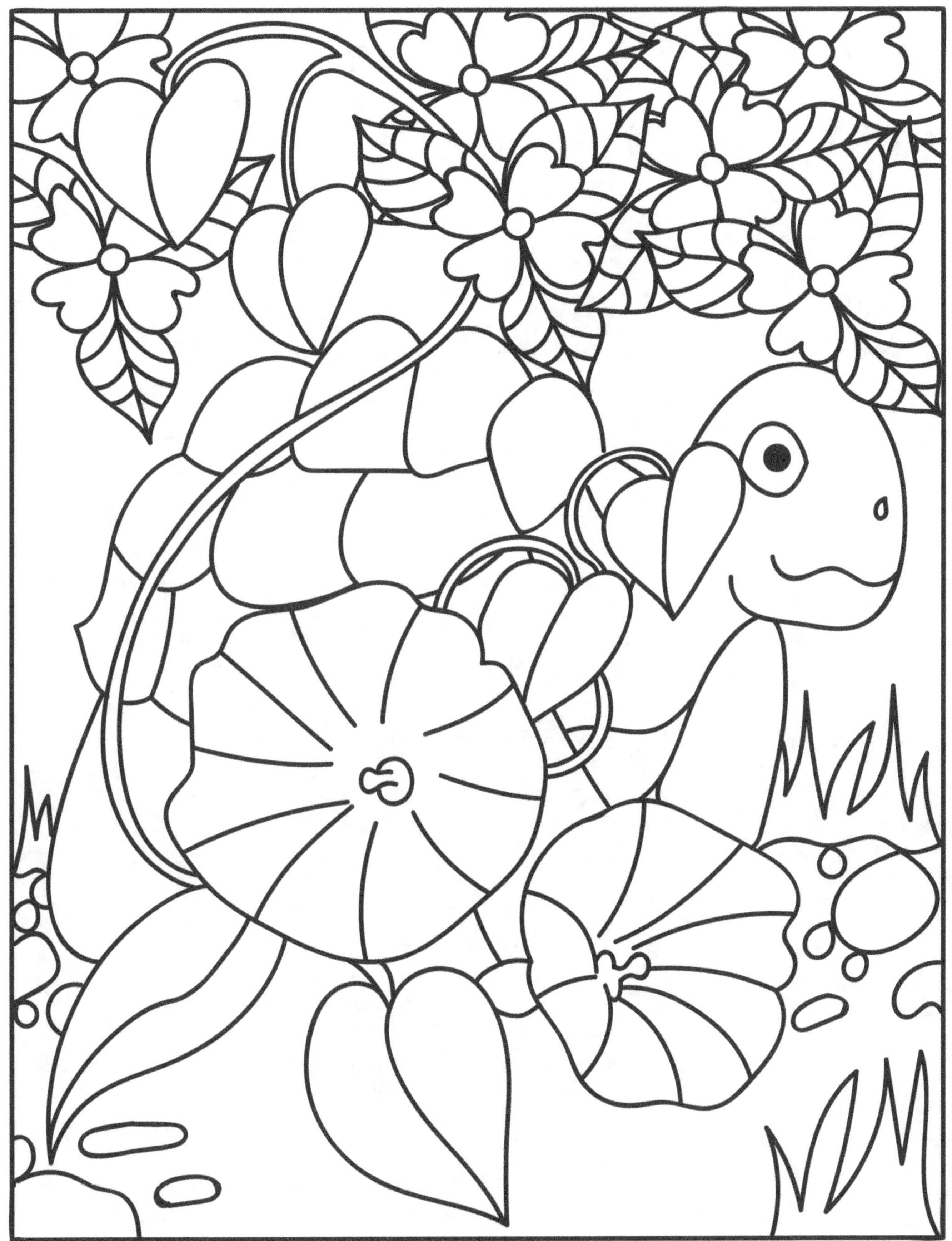

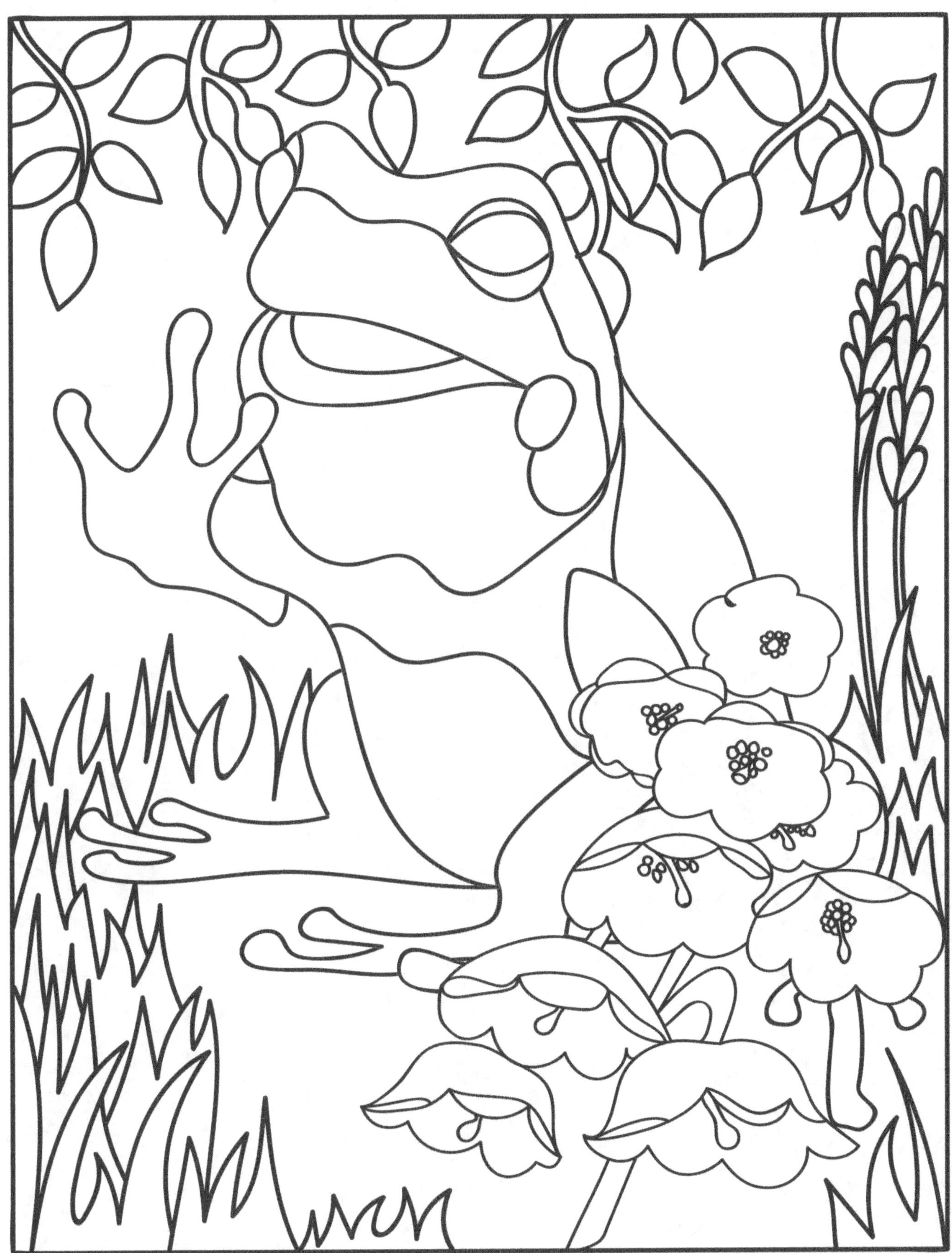

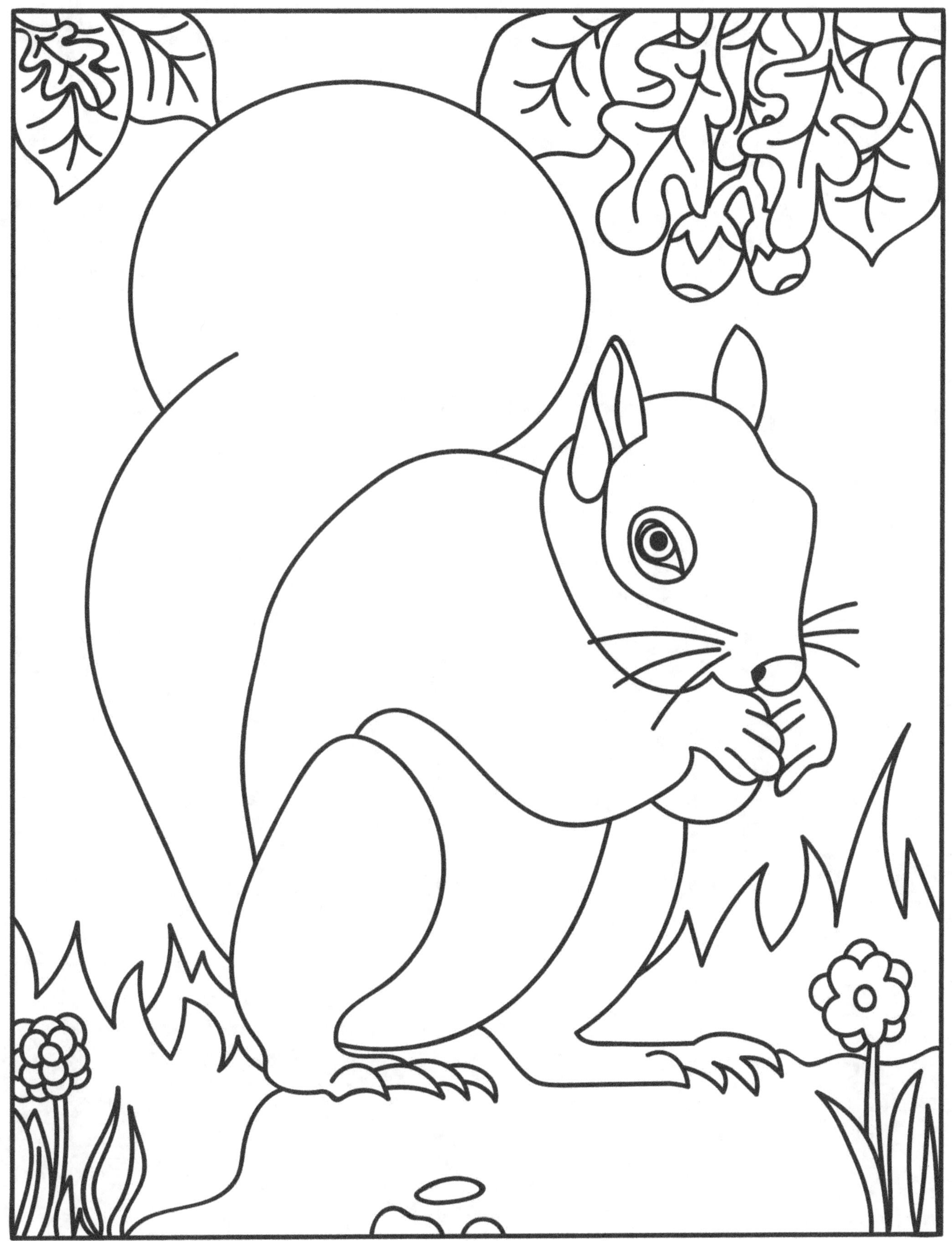

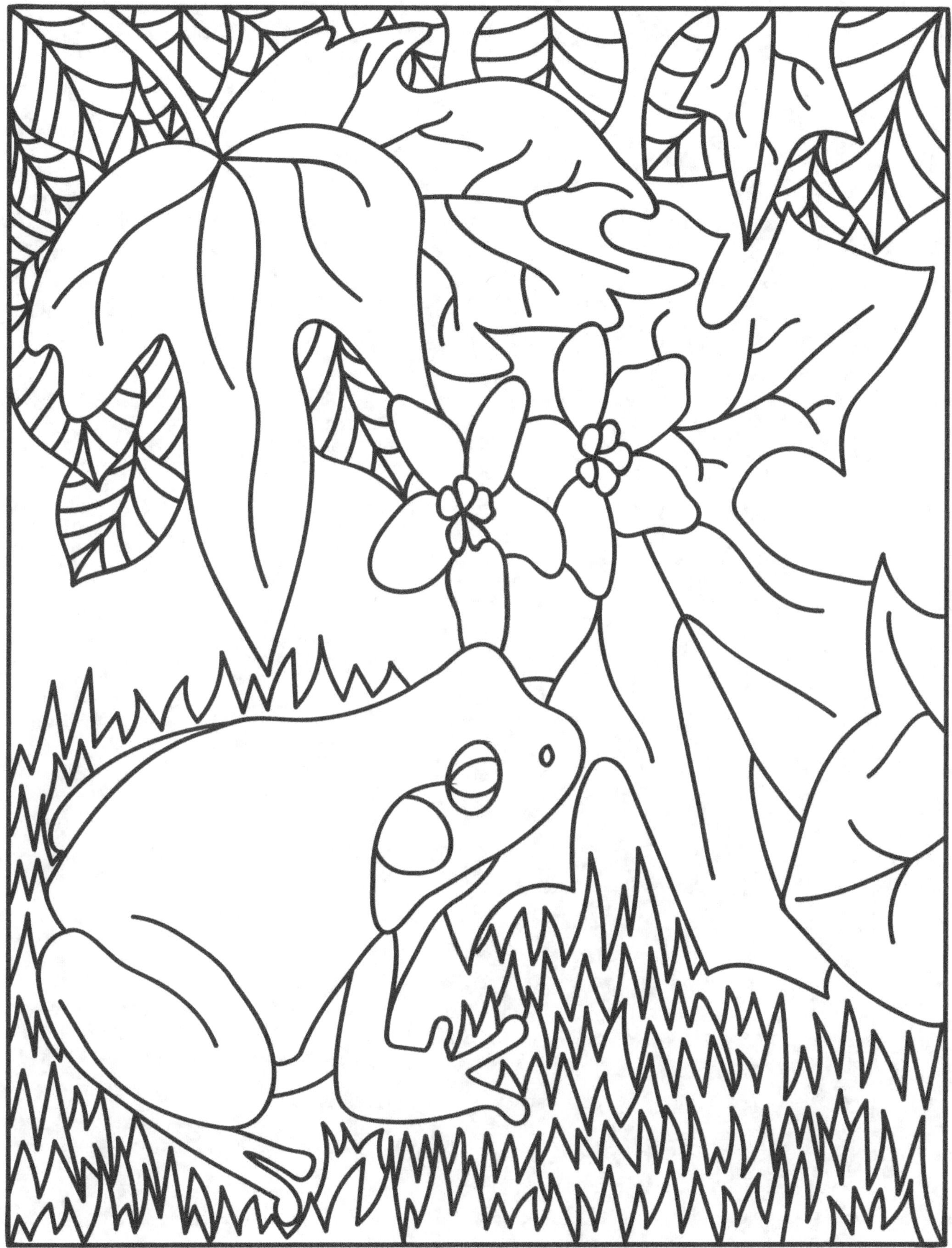

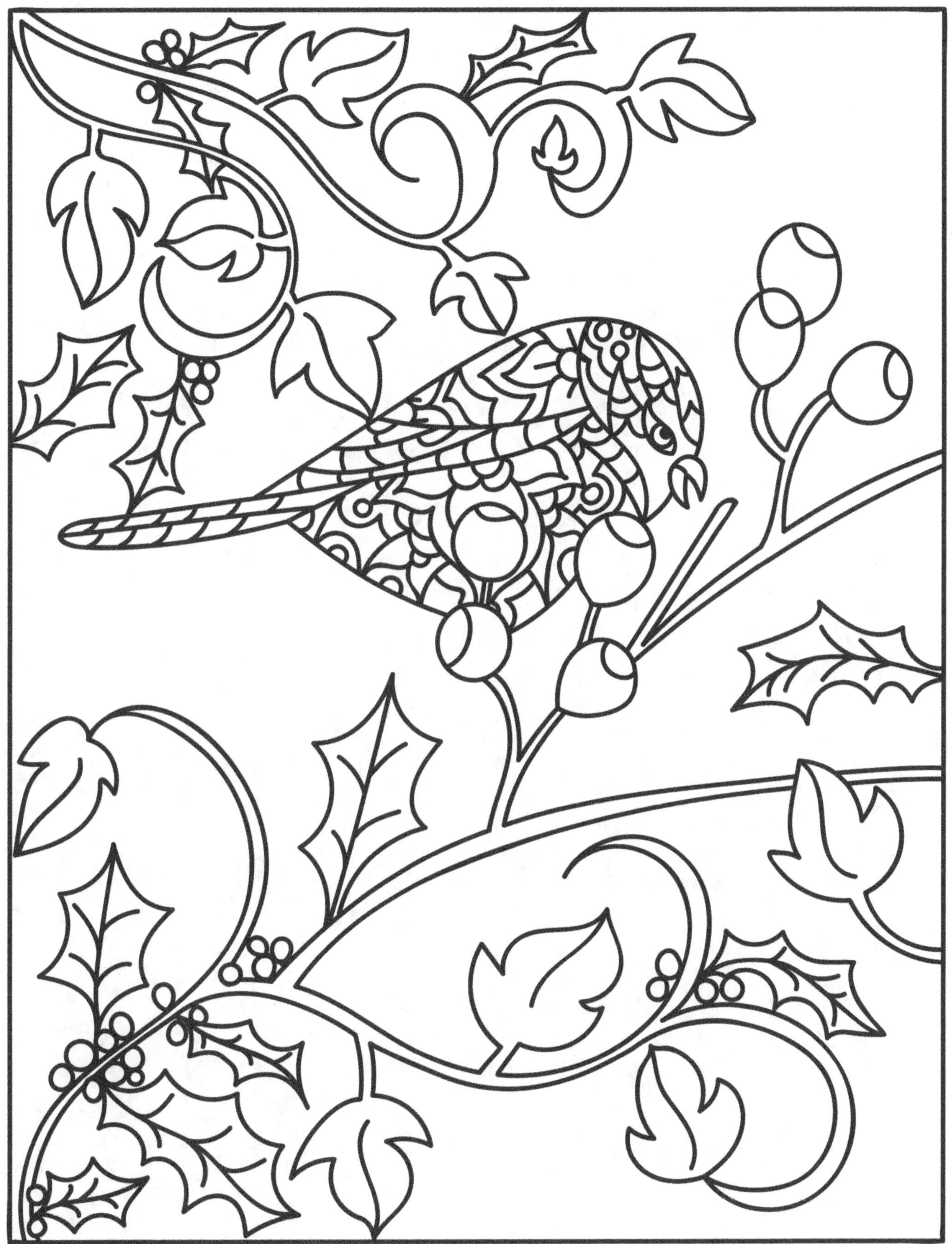

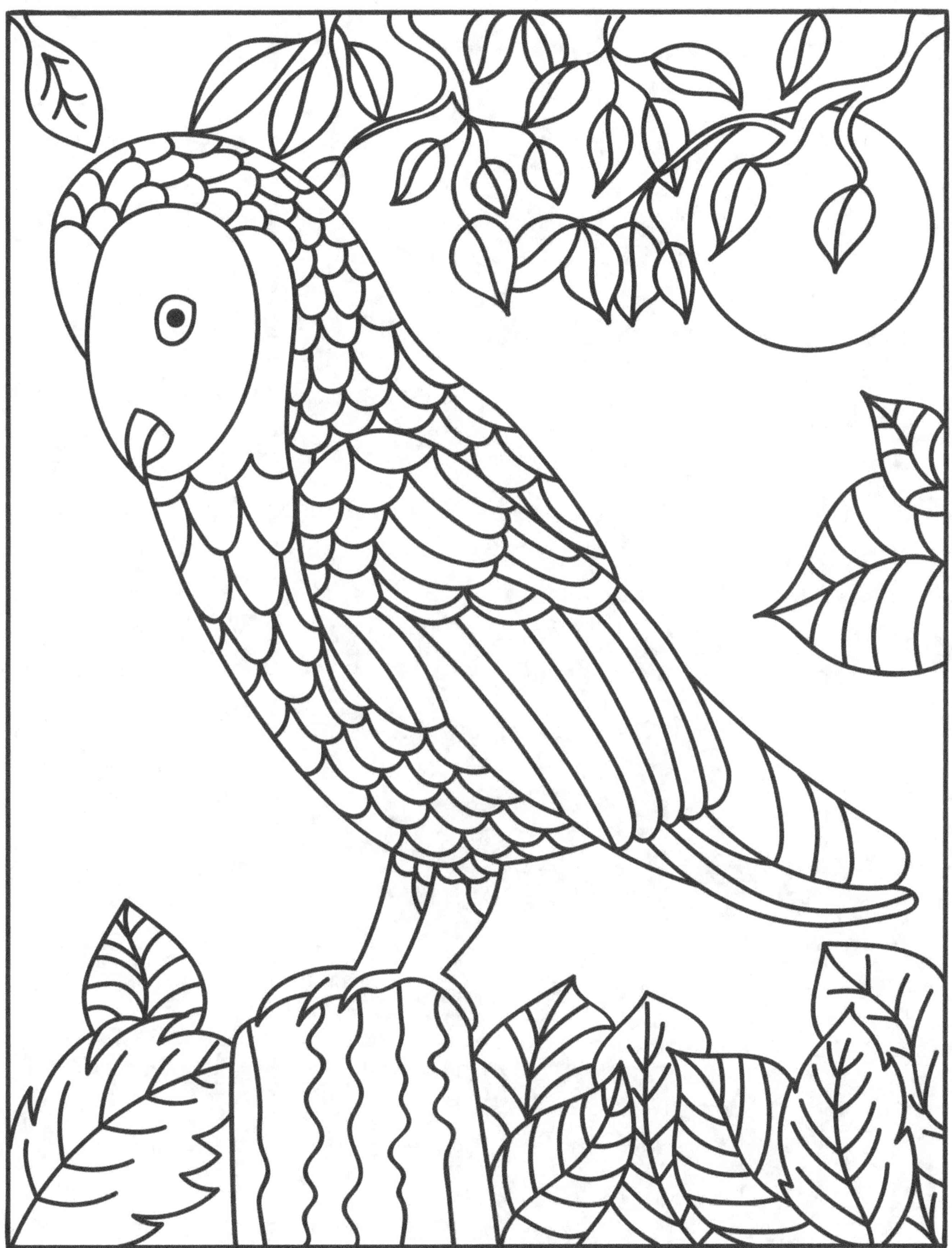

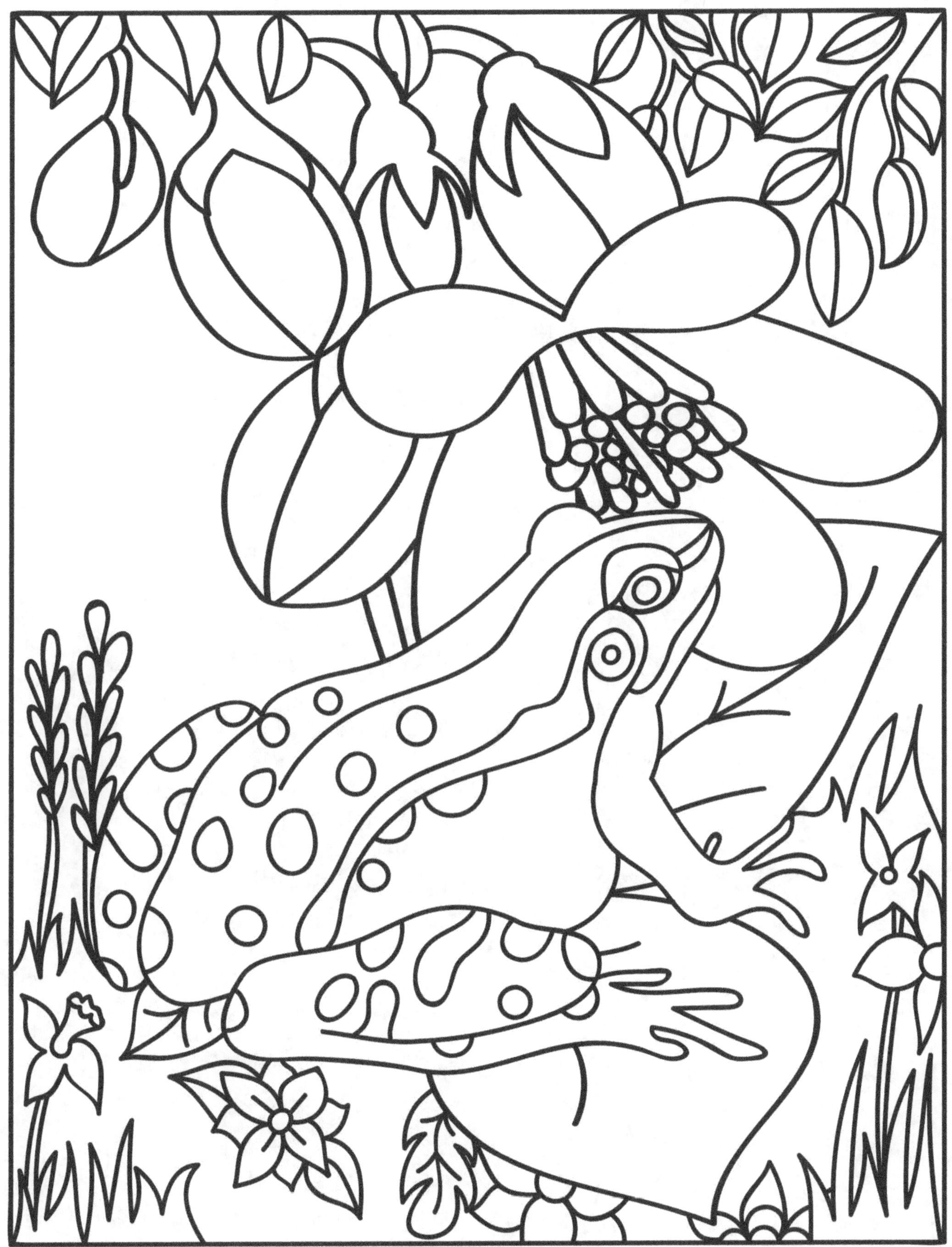

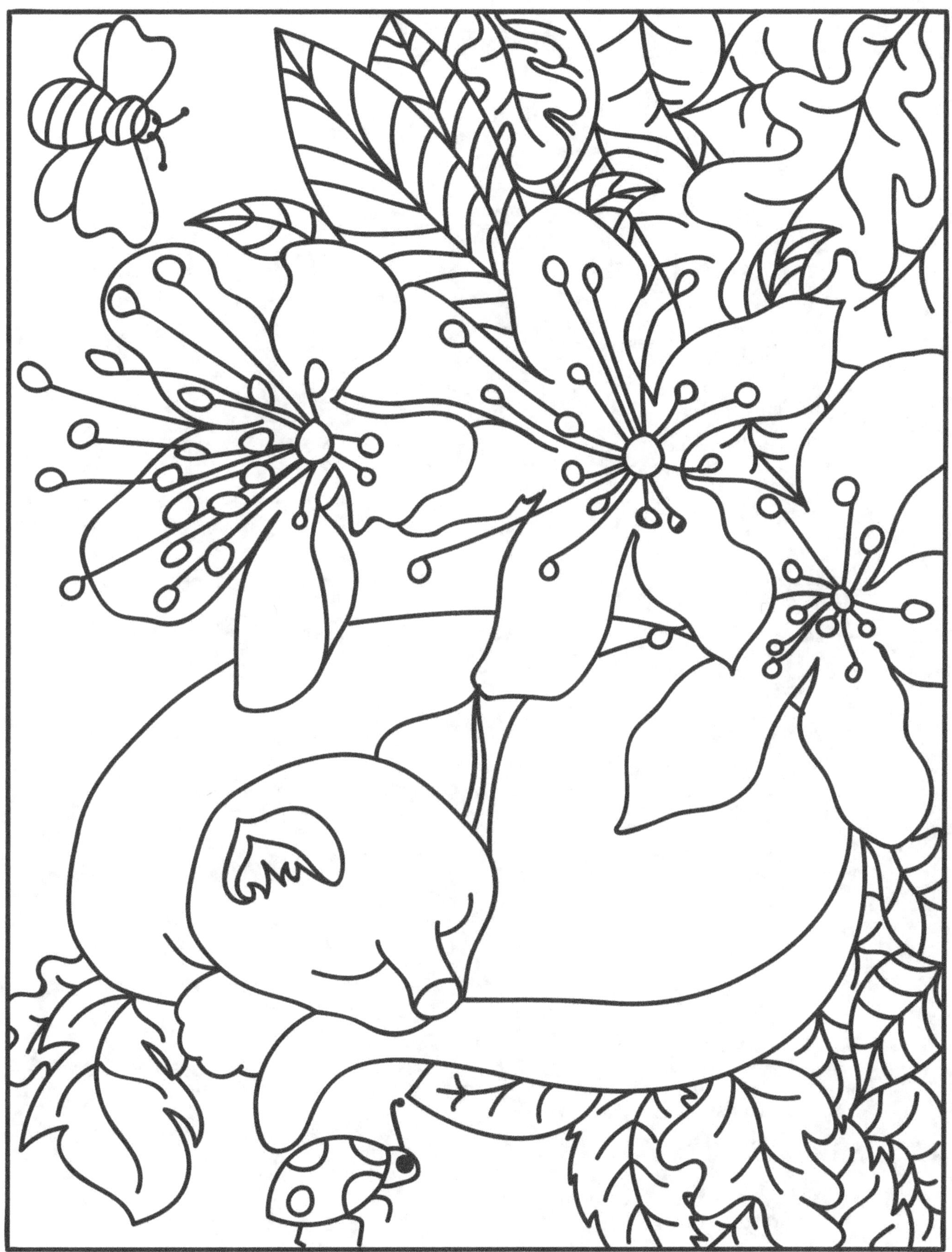

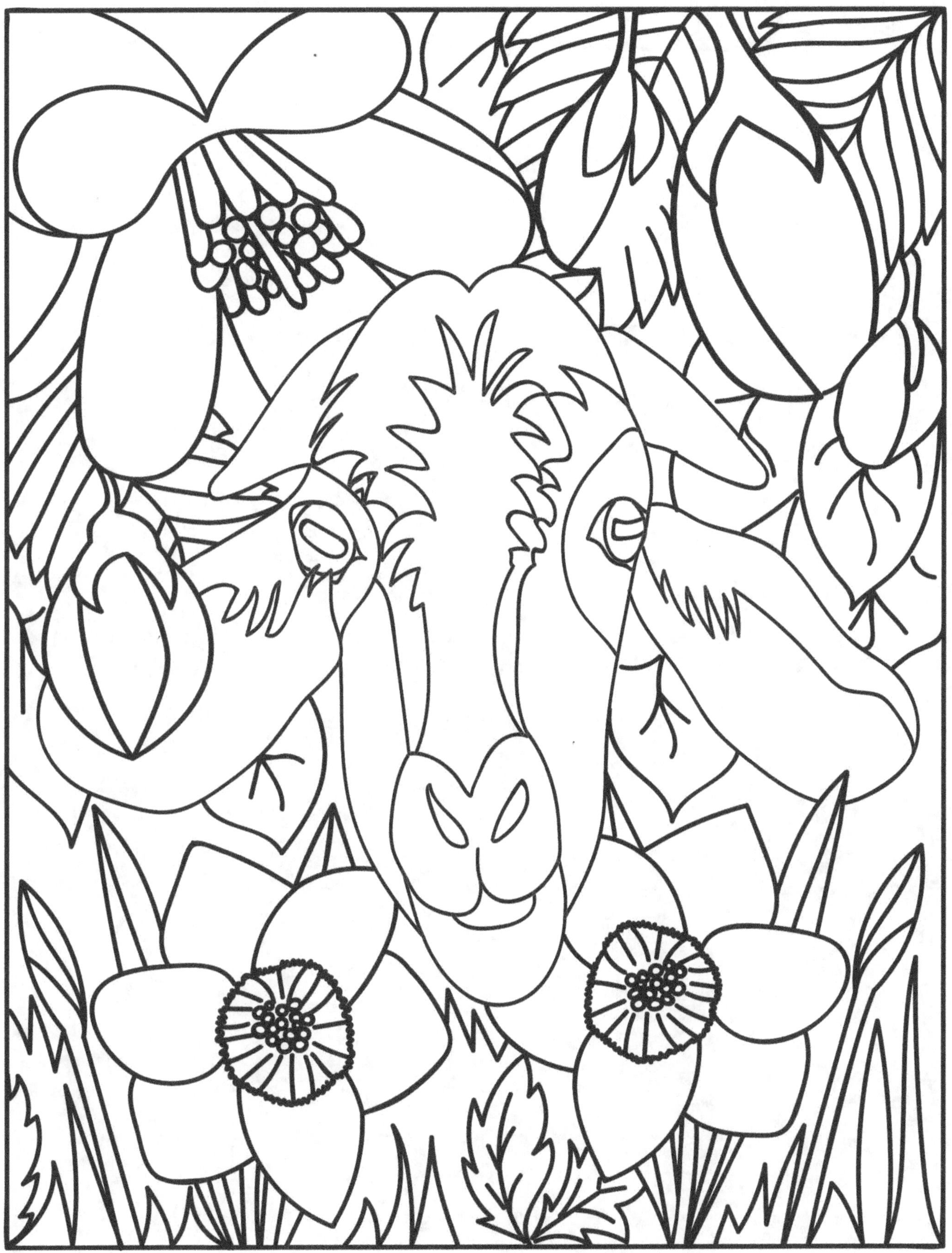

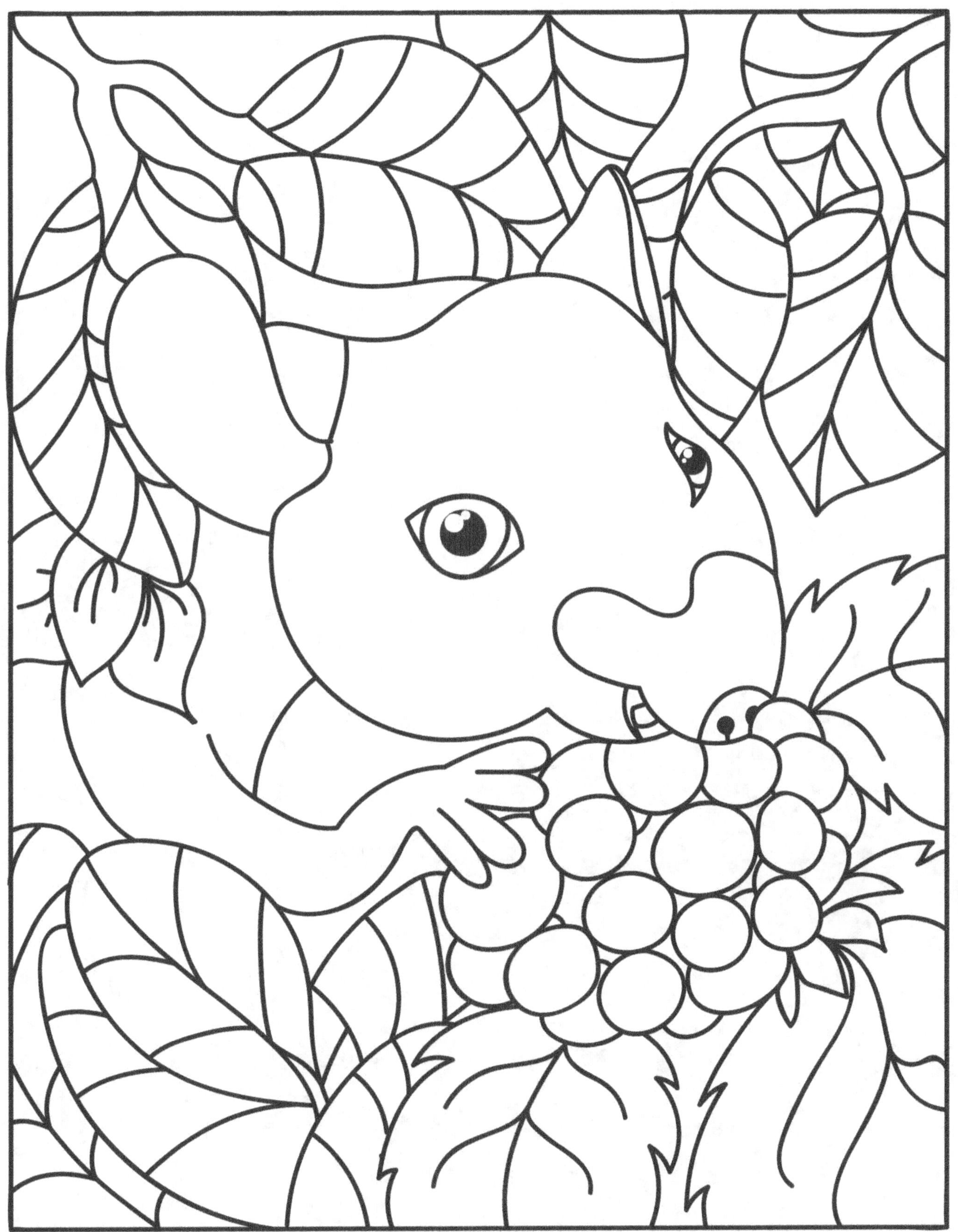

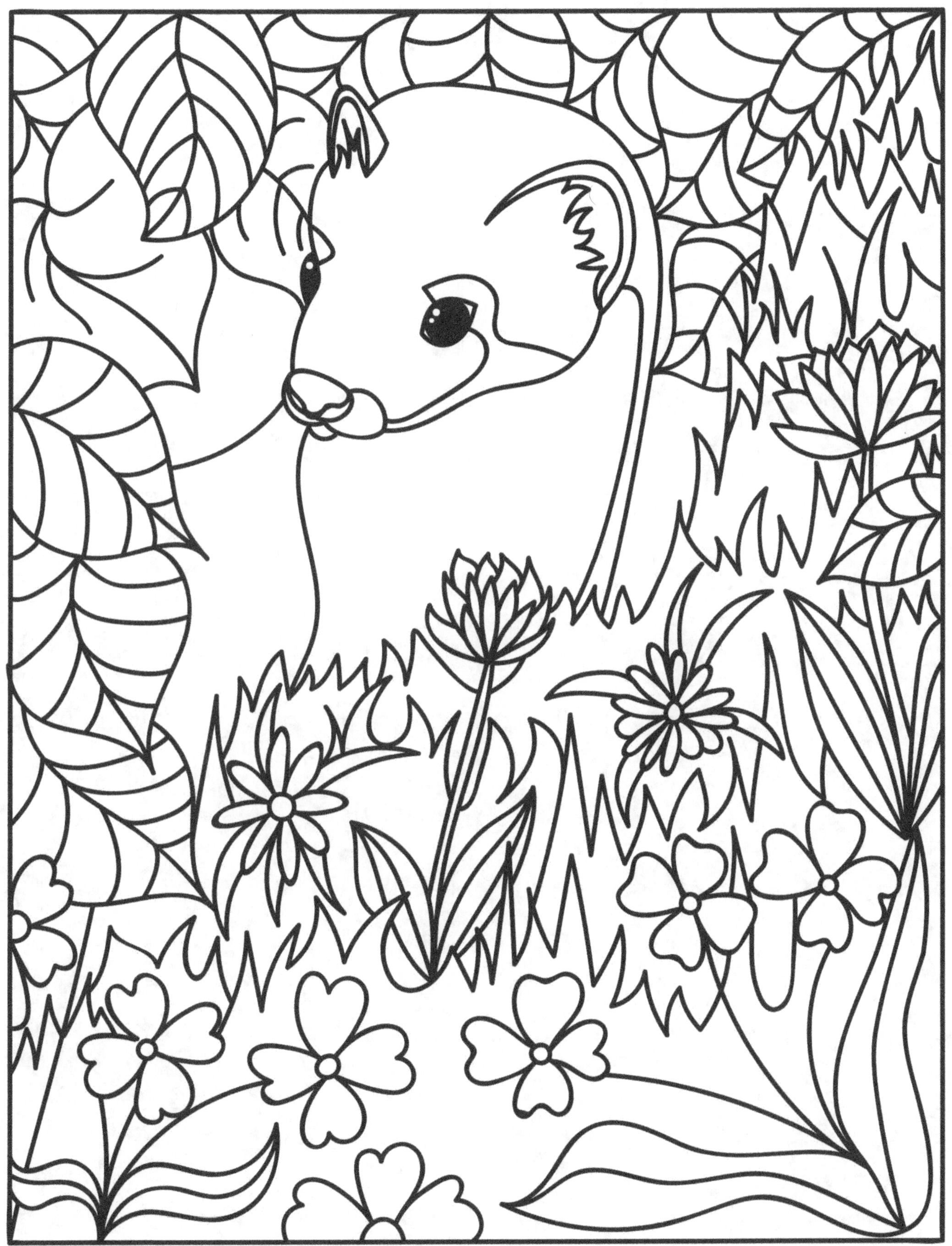

COLOR TEST PAGE

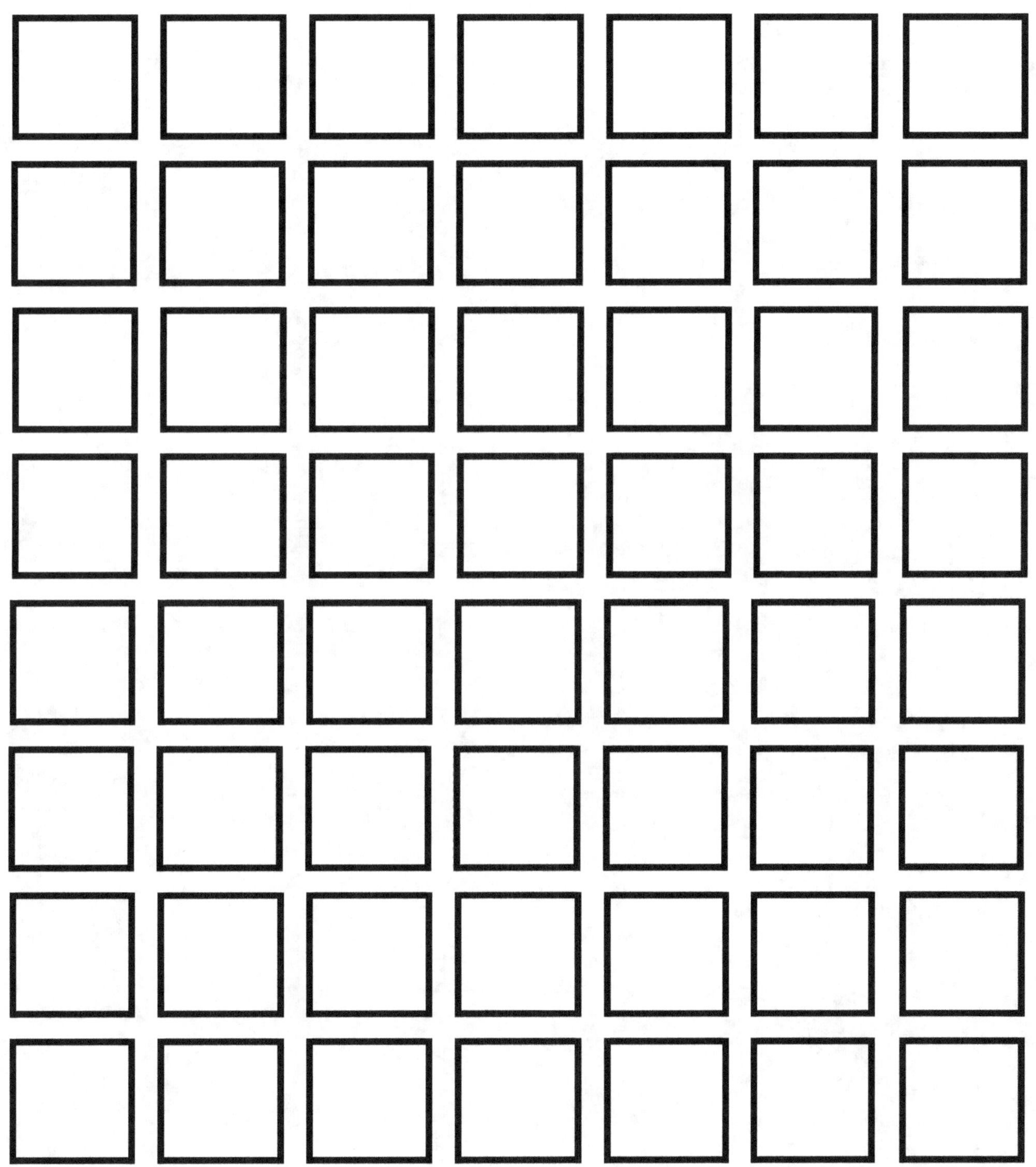

COLOR TEST PAGE

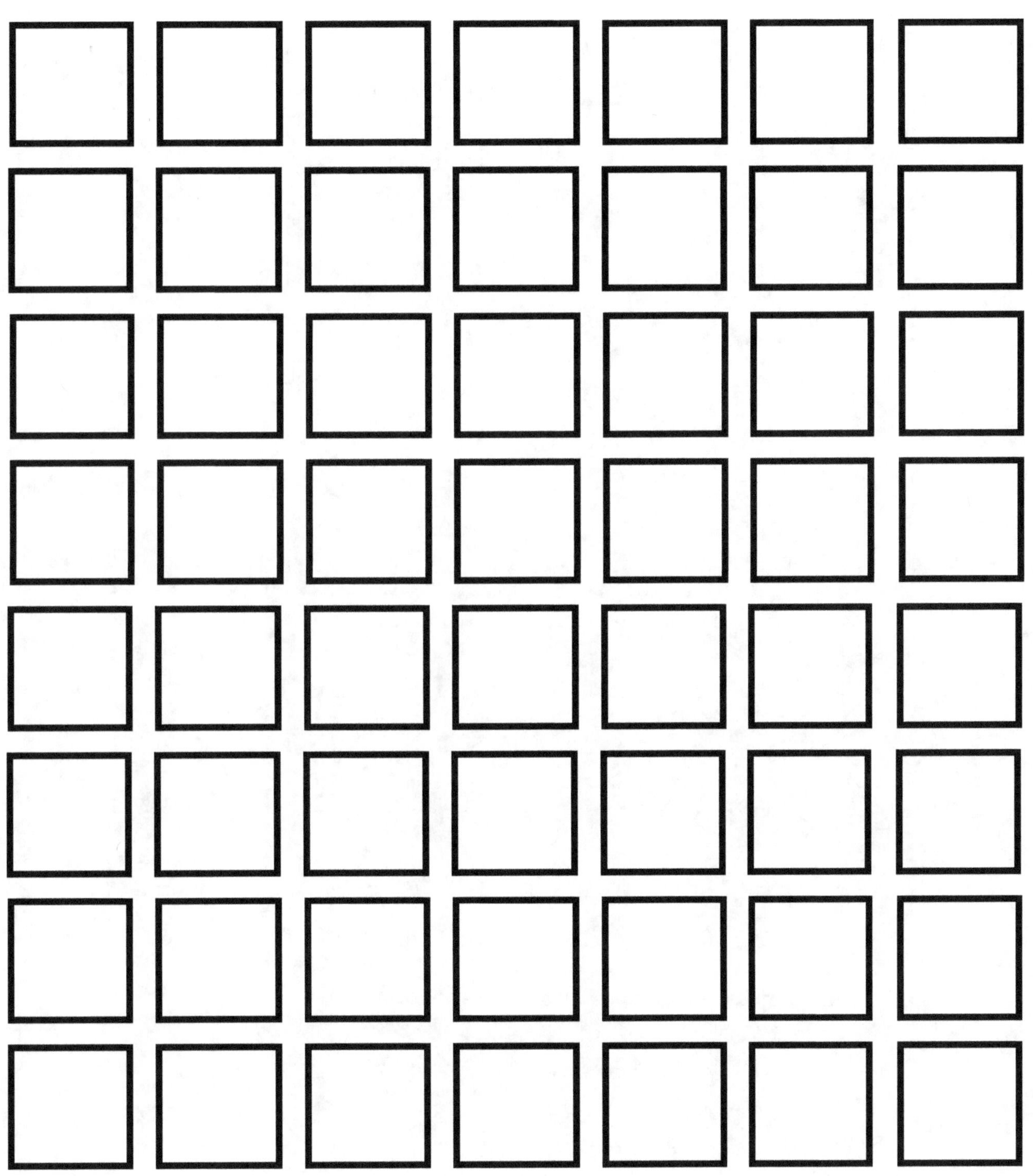